헤밍웨이를 따라 파리를 걷다

헤밍웨이를 따라 파리를 걷다

김윤주 글·사진

아숲

젊은 시절 한때를

파리에서 보낼 수 있는 행운이

그대에게 따라 준다면,

파리는 '움직이는 축제(a moveable feast)'처럼

평생 당신 곁에 머물 것이다.

내게 파리가 그랬던 것처럼.

- 어니스트 헤밍웨이

파리는 날마다 축제

처음 파리에 갔을 때 나는 스물다섯 살이었다. 스물다섯이라니! 그 시절에는 그 나이가 무엇을 의미하는지 몰랐다. 그리고 20년 세월을 건너 다시 파리에 갔다. 지금도 나는 이 나이의 의미를 모른다. 삶이 정말 빠르게 달아난다는 것, 인생이라는 것이 무언가를 잃어가는 순간들로 차곡차곡 채워져 간다는 것 정도를 어렴풋이 깨닫고 있을 뿐이다.

『파리는 날마다 축제』를 발견한 것은 두 번째 파리 여행을 앞둔 어느 휴일 오전이었다. 약속 시간까지 틈이 한참 남아 서점을 기웃거리다가 표지를 가득 채운 흑백의 파리 풍경 위에 적힌 노란색 제목과 '어니스트 헤밍웨이'라는 이름이 눈에 들어왔다. 파리와 헤밍웨이의 낯선 조합이 궁금했다. 대충 들여다보니 헤밍웨이가 파리에 살았던 젊은 시절 이야기를 담은 에세이였다.

헤밍웨이가 아직 작가로 이름을 알리기 전, 이십대 시절 7년을 파리에 살았다는 사실도 흥미로웠지만, 그보다 젊은 시절 파리의 추억을 30여 년이나 지난 노년에 굳이 글로 쓰기 시작했다는 사실이 더 흥미로웠다. 작가로서 크게 성공한 그가 굳이 그 춥고 배고팠던 시절 이야기를 꾹꾹 눌러 다시 쓰고 싶어졌다는 사실이 아련하고 애틋하게 느껴졌다. 그렇게 추억을 곱씹으면서도 채워지지 않는 무엇이 있었던지, 쓰다 만 원고를 남긴

채 석 달 후 그는 스스로 삶을 끝냈다.

"파리는 아주 오래된 도시였고 우리는 너무 젊었으며 이 세상에 그 무엇도 단순한 것은 없었다."라든지, "이것은 해들리와 내가 어떤 일에도 상처받지 않고 안전하게 살 수 있다고 믿던 시절에 우리가 만났던 사람들과 우리가 갔던 장소들에 관한 이야기다."라든지, "요즘은 어떤지 모르겠지만 몹시 가난했고 무척 행복했던 우리 젊은 날의 파리에서는 그랬다." 따위의 문장이 내 마음을 툭툭 건드렸다.

헤밍웨이처럼 파리를 걸어보기로 마음먹고는 노란색 작은 노트에 메모하기 시작했다. 헤밍웨이가 살았던 집, 그가 거닐었던 골목길, 즐겨 찾았던 카페와 식당과 서점 따위를 메모하고 지도에 표시하며 동선을 익혔다. 파리에서 돌아왔을 때는 노란 노트가 마지막 장까지 가득 채워져 있었다. 지금 이 책의 초고가 된 셈이다.

여행에서 돌아오고 사흘 뒤 파리에서 테러가 일어났다. 내가 걸었던 그 길, 내가 들렀던 그 카페, 내가 지났던 그 극장이 몇날 며칠 TV 화면을 채웠다. 사람들이 죽었다. 130명이나. 충격과 슬픔이 너무 컸다. 우리 일상이 얼마나 부서지기 쉽고, 복잡다단한 문제들과 얽혀 있는지 새삼 다시 생각했다. 그리고 며칠 뒤에 헤밍웨이 이야기가 들려왔다. 테러를 계기로 『파리는 날마다 축제』가 재조명되고 있다는 소식이었다.

헤밍웨이처럼 카페에 가고, 극장에 가고, 시장에 가고, 공원에 가고, 거리를 거닐며 파리의 일상을 회복하자는 움직임이 일고 있다는 것이다. 테러를 두려워하며 숨기보다는 의연하게 거리에서 일상을 되찾자는 운동이었다. 이후 몇 달간 그의 이 책은 베스트셀러가 되었다.

어쩌다 보니, 헤밍웨이를 따라 파리를 거닐고 헤맸던 이야기를 나도 책으로 내게 됐다. 쓰다 보니, 사족이 길어져 그와 무관한 이야기도 더러, 아니 꽤 쓰게 되었다. 이십 년 동안 묵혀 둔 이야기가 어지간히도 많았던 모양이다. 인간은 정말이지 얼마나 많은 이야기를 가슴에 품고 사는 걸까.

이 책은 파리의 구석구석을 거닐며 이 도시를 거쳐 간 사람들과 이곳에서 그들이 서로 얽혀 만들어낸 이야기를 더듬어간 글이다. 그중에는 파리에서 태어난 이도 있고, 파리에 살았던 이도 있고, 파리에 잠시 머무른 이도 있다. 시인도 있고, 소설가도 있고, 화가, 조각가, 건축가도 있다. 처음으로 파리를 여행한 것이 20세기 말이었고, 21세기로 넘어와서야 다시 파리에 가게 되었다는 점에 의미를 두고, 때에는 격동의 19세기와 20세기로 넘어가던 벨 에포크 시대의 풍경을 그려보고 싶었으나 딱히 그렇게 한정 짓지는 못했다.

이십 년 전 파리에 갔을 때 길에서 만난 파리 사람들 중 한국어로 말을 걸어오는 사람은 없었다. 심지어 나를 한국인이라 생각하는 사람도 없었다. 이번 여행에서는 먼저 다가와 어설픈 한국어 몇 마디를 건네거나 자신의 한국 체험을 이야기해 주는 파리 사람들을 매일 한두 명씩은 꼭 만났다. 이십 년 사이 나의 삶이 달라진 것만큼 세상도 변화한 것이다.

이번 파리 방문은 출장을 겸한 여행이었던 까닭에 파리의 한국어교육 현장을 둘러보는 데 도움을 주신 분이 많다. 파리7대학 김진옥 교수님, 이날코대학 정은진 교수님, 플로베르 중학교 임정원 선생님, 파리한글학교 함미연 교장 선생님과 여러 선생님은 파리 현지에서 환대해 주시고, 오랜 인터뷰와 수업 참관까지 허락해 주시는 등 큰 도움을 주셨다. 한국외국어대학교의 올리비에 교수님과 재외동포재단 김봉섭 부장님은 준비 과정에 도움을 주셨고, 프랑스 디종 한글학교 노선주 교장 선생님은 방문 전후로 많은 도움을 주셨다. 리옹3대학교 이진명 명예교수님은 바칼로레아와 관련해 도움을 주셨다. 깊은 감사의 마음을 전한다.

『파리는 날마다 축제』가 계기가 되어 인연을 맺게 된 이숲 출판사의 김문영 실장님께 감사의 마음을 전한다. 오마이뉴스에 연재했던 글을 엮어 단행본으로 만드는 과정에서 생각보다 손이 가는 일이 많았는데 세심히 살펴 주셨다. 조각 글을 이어 붙여 예쁘고 포근한 퀼트 이불처럼 만들어 주셨다.

아직 그런 여행이 흔하지 않던 시절, 장기간 유럽 배낭여행을 허락해 주시고 지금도 여전히 믿고 응원해 주시는 부모님이 늘 고맙다. 두 분이 아니었다면 이 책은 애초에 불가능했던 셈이다. 늦가을 갑작스러운 두 번째 파리 여행을 가능케 해 준 남편 부형욱 박사에게 사랑과 감사를 전한다. 나의 꿈을 비웃지 않고 나의 상처를 가벼이 여기지 않는 고마운 이다. 이 남자와 함께하는 한밤의 맥주 한 잔으로 팍팍한 일상을 견딘다.

고3, 중3, 두 딸이 입시 준비에 한창이던 지난 1년간 이 책을 썼다. 고등학교에서 프랑스어를 전공한 큰딸은 새내기 대학생이 되었다. 아빠처럼 서울대 캠퍼스를 누비고 다닐 꿈에 부풀어 있다. 작은딸까지 외고 불어과에 진학했으니 언젠가는 딸들을 핑계로 파리를 갈 수 있지 않을까 기대해 본다. 이 책은, 이 겨울 우리 가족에게 크나큰 기쁨을 가져다준 두 딸 예린과 소야에게 선물하고 싶다. 이제는 첫 파리 여행 때의 내 나이에 나보다 더 가까워진 이 아이들이 드넓은 세상을 홀로 뚜벅뚜벅 걷게 되리라.

2017년 3월
'짐노페디'가 흐르는
꿈꾸는 연구실에서 김윤주

PAR
AVION

PARIS-VII
14 JUIL 67

1부. 문학과 젊음

PARIS (2e.) .—

헤밍웨이처럼 파리를 여행하는 법

1

헤밍웨이(Ernest Miller Hemingway, 1899-1961)는 스물둘이던 1921년부터 7년을 파리에서 살았다. 그리고 삼십여 년이 지난 1957년 가을부터 1961년 자살로 생을 마감하기 석 달 전까지 파리 시절을 회고하는 글을 썼다. 새삼스레 노년의 헤밍웨이가 쓴, 젊은 날 파리 체류 시절 추억을 담은 에세이를 읽은 것이 문제였다. 글을 쓰고 싶은 욕망이 가득했고 기억 저편의 파리도 문득 너무나 그리웠다. 때마침 파리 출장 일정이 잡히면서 마음은 이미 그곳에 가 있었다.

여행기를 쓰며 살고 싶다는 생각을 진지하게 하게 된 것도 가만 생각하니 키웨스트의 헤밍웨이 집필실에서였다. 수년 전, 미국에 살며 자동차로 북미 대륙을 누비고 다니던 시절이 있었다. 그때 키웨스트의 명소 중 하나인 헤밍웨이 집에 들른 적이 있다. 뜨거운 여름날이었다. 아니, 여름날처럼 뜨거운 12월 마지막 주였다.

넓디넓은 미국 땅 끝자락 플로리다 최남단 키웨스트에 있는 그 초록색 이층집은 커다란 수영장과 스물몇 마리의 고양이가 유명했다. 하지만 내 기억은, 별채의 이층 작업실에 오르던 좁고 가파른 계단의 설렘과 볕이 잘 드는 작업실 한가운데 놓여 있던 오래된 타자기를 대면했을 때의 두근거림이 전부다. 낡은 포터블 로열 타자기가 놓여 있는 짙은 갈색 테이블은 눈부신 햇살이 들어오는 새하얀 방 가운데에서 빛나고 있었다.

마침 운 좋게도, 원래는 개방하지 않도록 되어 있는 작업실 내부를 안내원의 도움으로 들어가 방 한가운데서 사진까지 찍는 행운을 얻을 수 있었다. 그 사진은 나의 수많은 여행 사진 중에서도 특별히 아끼는 한 장이 되었다. 글을 쓰고 싶다는 욕망이 불쑥불쑥 떠오를 때마다 헤밍웨이 집필실 한복판에 엉거주춤 서 있는 사진 속 나를 보며 꿈을 키우고 마음을 다잡곤 했다.

2

생각해 보면 우습지 않은가. 파리를 꿈꾸면서 프랑스의 이름난 예술가나 철학자의 이름을 떠올린 것이 아니라 기껏, 변덕스러운 날씨에 투덜거리며 굶주린 배를 움켜쥐고 낡은 셋집에서 웅크리고 지낸, 젊은 시절 한때 잠시 그곳에 머물렀을 뿐인 다른 나라 작가를 떠올리다니. 게다가 그 남자는 투우와 사냥을 좋아하고, 여자를 좋아해 바람이나 피워 대고, 툭하면 사고나 치고 폭음이나 해 대던 '나쁜 남자'가 아니던가.

파리에 관한 책을 여러 권 읽었지만 노년의 헤밍웨이가 젊었던 자신의 파리 시절을 추억한 에세이만큼 푹 빠져 읽은 파리 이야기는 없었다. 'A Moveable Feast'라는 제목의 이 회고록은 헤밍웨이 사후 3년이 되던 1964년 출간되었다. 그의 네 번째 아내인 메리 웰시가 편집한 것으로『헤밍웨이 파리에서 보낸 7년』으로 번역된 바 있다. 이후 2010년에는 두 번째 아내 폴린 파이퍼의 손자 숀 헤밍웨이가 미완성·미발표 원고들을 추가 편집해 동일한 제목의 증보판을 출간한다. 우리나라에서는 '파리는 날마다 축제'라는 제목으로 다시 번역되었다.

「토론토 스타」의 유럽 특파원 신분이었던 헤밍웨이는 비록 가난했지만 너무나 행복했던 시절로 파리를 추억한다. 거트루드 스타인(Gertrude Stein, 1874-1946), 스콧 피츠제럴드(Francis Scott Key Fitzgerald, 1896-1940), 에즈라 파운드(Ezra Pound, 1885-1972) 등 당대의 쟁쟁한 문인들과 교류하며 파리의 카페와 골목을 헤매고, 아름다운 문장과 진실한 작품에 대한 부푼 꿈을 이제 막 결혼한 신부 해들리에게 밤마다 쏟아 내곤 한다.

누구에게나 한 번쯤 찬란했던 시절은 있는 법이다. 퓰리처상에 노벨문학상까지 받으며 큰 성공을 이루었지만, 작가로서 이제 막 이름을 알리기 시작한, 춥고 배고팠던 파리 시절이 그에겐 어쩌면 가장 찬란했던 시절이었을지 모른다.

> "젊은 시절 한때를 파리에서 보낼 수 있는 행운이 그대에게 따라 준다면, 파리는 '움직이는 축제(a moveable feast)'처럼 평생 당신 곁에 머물 것이다. 내게 파리가 그랬던 것처럼."

3

아주 오래전, 내 앞에 펼쳐질 인생이 가슴 벅찼던 젊은 시절, 아니 어린 시절, 파리를 처음 여행했다. 그때 그곳을 떠나올 때는 조금도 아쉽지 않았

다. 마음속엔 꿈이 가득했고, 언제라도 마음만 먹으면 다시 금방 돌아올 수 있으리라 믿었기 때문이다. 헤밍웨이가 파리에 살았던 딱 그 나잇대였다. 그리고 스무 해가 흘렀다.

이번에는 파리를 젊은 날의 헤밍웨이처럼 헤매 보기로 결정했다. 그렇게 맘먹고 나니 동선 구성이 재미있어졌다. 헤밍웨이의 소설과 에세이를 다시 펼쳐 놓고 지도에 표시를 했다. 카디날 르무안 거리 74번지 이층 작은 아파트에 가 보고 싶었다. 구석진 테이블을 차지하고 앉아 문을 열고 들어오는 손님을 묘사하며 종일 시간을 보내던 생 미셸 광장의 카페에도 가 봐야 했다. 무프타르 거리를 지나 팡테옹과 소르본 대학 뒷골목을 헤매던 청년 헤밍웨이도 만나야 했다. 맘껏 책을 빌려 가도 좋다는 이야기를 듣고 아이처럼 좋아했던 실비아 비치(Sylvia Beach, 1887-1962)의 책방에도 꼭 가 봐야 했다. 스콧 피츠제럴드와 문학을 논했던 몽파르나스의 술집도

들러 보고, 거트루드 스타인과 다툰 후 혼자 씩씩거리며 돌아왔던 뤽상부르 공원 뒷길도 걸어 보고 싶었다.

오래된 도시의 낮과 밤을 천천히 거닐며 잃어버린 시간과 두고 온 젊음과 덮어 둔 꿈을 꺼내 보고 싶었다. 그러면 어쩐지 모든 것이 선명해질 것만 같았다. "스무 해를 지나 나 이렇게 여기 다시 왔는데 그대, 파리는 안녕한가." 묻고 싶었다. 가을, 두 번째 파리 여행, 스무 해 만에 다시 찾은 파리 여행은 그렇게 시작되었다.

센 강변의 단골 서점, 셰익스피어 앤 컴퍼니

1

"그 무렵 무척 가난했던 나는 오데옹 거리 12번지에 있는 실비아 비치의 대여점 셰익스피어 앤 컴퍼니에서 책을 빌리곤 했다. 겨울이 되면 찬바람이 휘몰아치는 쌀쌀한 거리에 있는 그 서점에서는 지나가는 사람들을 위해 입구에 커다란 난로를 피워 놓았다. 따뜻하고, 쾌적하고, 멋진 곳이었다."

서점을 처음 발견한 날, 헤밍웨이는 투르게네프(Ivan Sergeyevich Turgenev, 1818-1883)의 『사냥꾼의 수기』와 D. H. 로렌스((David Herbert Richards Lawrence, 1885-1930)의 『아들과 연인』을 집어 들었다. 곁에 있던 실비아는 "원한다면 다른 책을 더 빌려가도 돼요."라고 말했다. 그 말에 헤밍웨이는 톨스토이(Lev Nikolayevich Tolstoy, 1828-1910)의 『전쟁과 평화』와 도스토옙스키(Fydor Mikhailovich Dostoevskii, 1821-1881)의 『도박꾼과 그 외 단편들』을 더 골라 들었다.

집에 돌아온 헤밍웨이는 아내 해들리에게 한 아름 빌려온 책들을 보여 주며 낮에 만난 서점과 주인 이야기를 쏟아 낸다. 사랑스러운 신부 해들리는 미소 띤 얼굴로 "그러지 말고 어서 가서 돈을 내고 와요."라고 말하고, 헤밍웨이도 그러마 대답한다. 그렇게 말하기는 했어도 둘은 낯선 도시에서 얻은 뜻밖의 행운에 한껏 흥분해, 모처럼 좋은 와인도 사고 맛있는 요리도 만들어 먹자는 둥, 한눈팔지 말고 서로만 사랑하자는 둥, 들뜬 약속을 나눈 채 잠이 든다. 가난한 신혼부부에겐 참으로 따뜻한 저녁이었을 게다.

2

그 책방에 처음 간 건 파리에서의 두 번째 날, 비에 젖은 늦은 밤이었다. 초록색과 노란색의 따뜻한 간판을 찾아내기까지는 야속하게도 많은 골목을 헤매야 했다. 파리 시내 지도는 현실 세계에 대입하면 거리와 거리 사이를, 예측한 것보다 훨씬 덜 가야 목적지에 다다른다. 파리의 면적이 서울의 6분의 1 수준이라니 서울에서의 공간 감각을 그대로 적용해 파리 시 지도의 지명과 도로 간 거리를 가늠하면 흔히 생겨나는 오류다.

'셰익스피어 앤 컴퍼니(Shakespeare and Company)'에 가기로 작정하고 시테 역에 내린 건 그리 나쁘지 않은 결정이었다. 생 미셸 노트르담 역이었다면 더 좋았겠지만 시테 섬 일대를 먼저 돌아볼 참이었기 때문이다. 지도에 나온 대로 노트르담 성당 앞 작은 다리를 건너 조금만 더 가면 서점이 있어야 마땅했다. 혹시 헤매게 된다 해도 아무나 붙들고 물어보면 "아! 거기? 헤밍웨이가 자주 다녔다는 그 오래된 서점 말이지?" 하며 대답해 줄 거라 조금도 의심치 않았다. 그런데 이건 웬걸. 책방은 나타나지 않았고, 뜻밖에도 내가 만난 파리 사람들은 그 유명한 전설의 서점을 전혀 알지 못했다. 난감해하는 젊은이 두어 명을 만나고 골목과 골목을 어지간히 헤매고 난 후에야 서점에 도착했다.

노란색과 초록색 간판이 따뜻해 보였다. 그러고 보면 이 거만하고 차가운

도시 파리에서 모국어로 된 책을 쌓아 둔 공간은 그 자체로 정말 감동이었겠다. 헤밍웨이가 서점을 처음 발견한 날 그랬던 것처럼 구석구석 들여다본다. 빼곡히 책들이 가득하다. 바닥에 쌓아 올린 책들도 천장에 닿을 지경이다. 선반에는 오래된 책들이 꽂혀 있다. 통로와 기둥 사이로 작은 공간들이 있고 벽에는 흑백 사진들이 걸려 있다. 눈에 익은 작가들 모습이다. 책장과 선반 사이를 조심조심 움직여야 한다.

좁은 계단을 올라간다. 푹신한 소파가 곳곳에 놓여 있고 사람들은 제집처럼 몸을 누인 채 책을 읽고 있다. 책 더미 사이로 오래된 타자기가 놓여 있고, 저쪽엔 낡은 피아노도 보인다. 물건과 공간의 용도가 무의미하다. 다만 책 무더기 속에 파묻혀 있을 뿐이다. 안쪽 구석진 공간에 작은 탁자가 놓여 있다. 오래된 나무 의자에 앉으니 네모난 작은 창으로 젖은 파리가 들어온다. 창밖으로 센 강이 흐르고 구석진 다락방 창문가엔 낡은 나무 책상이 놓여 있으니, 이곳에선 절로 글자들이 춤을 추며 문장이 되고 단락을 이뤄 한 편의 글이 될 수 있겠다 잠시 생각했다.

청바지에 까만 재킷을 걸친 늘씬한 여자가 두리번거리던 나와 눈이 마주쳤다. 의자들을 둘러 세우며 분주히 움직이기에 물었더니, 오늘 밤 글쓰기 워크숍이 있을 예정이란다. 모임의 리더인 모양이다. 사람들이 하나둘 모여들기 시작한다. 짧은 눈인사를 나누고 아쉬움을 묻어 둔 채 그곳을 나왔다. 1층으로 내려오며 보니 한쪽 구석에 알록달록한 메모와 편지들이 잔뜩 붙어 있다. 나도 그곳에 앉아 노란색 포스트잇에 짧은 편지를 써 붙여 두고 나왔다. 언젠가 이곳에 오게 될 서울의 딸들에게 보내는 편지. 손에는 나를 이곳으로 이끈 헤밍웨이의 바로 그 책 『A Moveable Feast』가 들

려 있었다. 13.5유로다. 가슴이 두근거린다.

3

'셰익스피어 앤 컴퍼니'는 많은 이야기를 간직한 오래된 책방이다. 우리에겐 파리를 배경으로 한 영화 「비포 선셋」(2004)에서 에단 호크와 줄리 델피가 10년 만에 해후하는 애잔한 첫 장면으로 유명하다.

미국에서 태어나 목사인 아버지를 따라 파리에 온 실비아 비치는 이 서점의 첫 주인이다. 1919년에 처음 문을 열고, 1921년에는 오데옹 거리 12번지로 옮겼는데, 마침 그때는 젊은 헤밍웨이가 파리에 막 도착한 시기였다. 당시 프랑스에서는 구하기 어려웠던 영어로 된 수많은 책이 쌓여 있고, 따뜻한 수프와 글을 쓸 수 있는 공간이 마련되어 있던 이곳은 고국을 떠나온 가난한 젊은 작가들의 포근한 아지트였다. 영국과 미국에서 금지된 제임스 조이스의 『율리시스(Ulyssis)』를 1922년 출간한 사건으로도 유명하다. 제2차 세계대전 중인 1941년 문을 닫고, 지친 실비아도 은퇴해 버려 서점은 역사 속 이야기로 남는가 싶었다.

그런데 10년 후 미국의 방랑 시인 조지 휘트먼(George Whitman, 1913-2011)이 오데옹 거리에서 멀지 않은 이곳, 노트르담 성당 근처 센 강변 뷔셰리 거리 37번지에 비슷한 서점을 다시 연다. '미스트랄'이었던 서점의 이름을 1964년 '셰익스피어 앤 컴퍼니'로 바꾸면서 지금에 이르게 된다. 2011년 그도 세상을 떠나고, 지금은 그의 딸 실비아 휘트먼이 서점을 운영하고 있는데, 여전히 열댓 개의 침대를 두고 누구라도 머물며 글을 쓸 수 있도록 돕고 있다. 에세이 한 편 쓰기, 매일 책 한 권씩 읽기, 서점 일 돕기 따위가 서점에 머물 수 있는 자격 조건이라니 꿈같은 이야기다. 이미 4만 명이나 머물다 갔다면 더는 몽상가의 꿈도 아니다.

이쯤 되면 이곳은 그저 오래된 책방이 아니다. 조지 휘트먼이 말한 대로 '서점으로 가장한 사회주의자들의 낙원'이고, '세 단어로 된 한 편의 소설(a novel in three words)'임에 틀림없다.

생 미셸 광장의 기분 좋은 카페

1

툭하면 비가 오고 잔뜩 찌뿌둥한 회색빛 파리의 심술궂은 날씨 속에 헤밍웨이는 종종 이곳, '생 미셸 광장의 기분 좋은 카페'를 찾아 글을 쓰곤 했다. 비에 젖은 중절모와 낡은 외투를 옷걸이에 걸어 놓고 따뜻한 카페오레 한 잔을 주문하고는 테이블에 앉아 공책과 연필을 꺼내 글을 쓰기 시작한다. 주머니엔 늘 파란색 공책과 연필 두 자루가 있었다.

어떤 날엔, 창가의 테이블에 홀로 앉아 있는 아름다운 여인의 해맑은 피부와 햇살 닿은 짧은 머리카락을 묘사하느라 시간 가는 줄 모르기도 하고, 또 어떤 날엔, 시선을 사로잡아 영감을 준 멋진 여인이 그새 카페를 떠나 버린 것을 마지막 문단을 끝낸 후에야 발견하고는 슬퍼하기도 한다. 또 다른 어떤 날엔, 술 마시는 등장인물을 묘사하다가 그만 술 생각이 나는 바람에 덩달아 럼주를 주문해 마시며 기분 좋게 글을 이어 가기도 하고, 어떤 날엔 글이 너무 잘 써져 럼주 따위는 떠올리지도 않고 이야기에 몰입하기도 한다.

헤밍웨이는 젊은 날의 파리 시절을 추억하며 카페와 바 이야기를 유난히 많이 늘어놓는다. 생 제르맹 데 프레 지역의 카페 드 플로르(Cafe de Flore)나 레 되 마고(Les Deux Magots) 외에도 몽파르나스 지역의 카페 르 돔(Le

Dome)이나 라 쿠폴(La Coupole), 르 셀렉(Le Select), 또 뤽상부르 공원 근처의 라 클로즈리 데릴라(La Closerie des Lilac) 등이 그가 즐겨 찾던 곳이다.

카페마다 서로 다른 분위기와 손님들에 대해 때론 따뜻하게 때론 시큰둥하게 논평을 늘어놓기도 한다. 카페 르 돔의 생굴과 와인, 라 쿠폴의 맥주와 닭요리에 대해서 먹음직스러운 입담을 풀어 놓는가 하면, 라 클로즈리데릴라는 한적하고 조용해서 글쓰기에 최고라는 둥, 아무리 그렇다 해도카페 르 돔이나 라 로통드(La Rotonde)를 들락거리는 이들은 데릴라를 절대 찾지 않을 것이라는 둥, 저녁 무렵 사람이 북적이는 건 마찬가지지만라 로통드보다 카페 르 돔을 좋아하는 것은 그곳에 모인 이들이 하루를열심히 일한 사람들이기 때문이라는 식이다.

글이 모처럼 잘 써지고 원고료도 두둑한 어떤 날엔, 백포도주 반병과 생

굴을 시켜 놓고는 모든 일이 잘될 거라는 터무니없는 확신에 차 여행 계획을 세우기도 하지만, 헤밍웨이에게 이런 날이 흔한 것은 아니었다. 카페와 빵집과 식당이 즐비한 골목을 일부러 피해 거닐거나 뤽상부르 공원에서 끼니때를 혼자 앉아 보내며 아내 해들리에겐 약속이 있다고 거짓말을 해 대는 날들이 그보다 많았다. 파리에서의 젊은 시절은 대개가 춥고 배고프고 가난했던 날들이었기 때문이다.

2

밤사이 내린 비로 촉촉한 파리의 새벽 거리를 걷는다. 설렘이 컸는지, 비행기도 연착되고 어젯밤 그리 피곤했는데 알람 없이도 5시에 눈이 떠졌다. 호텔 카페테리아에서 크루아상과 치즈와 커피로 아침 식사를 하고 산책을 나선 참이다. 비에 젖은 파리의 거리를 이 가을, 이 새벽에 걷고 있다니! 센 강변도 아니고, 뤽상부르 공원도 아니고, 무프타르 거리도 아니지만 호텔 앞 이름 모를 이 거리가 너무나 아름답다.

노란 낙엽이 가득 덮은 거리를 얼마나 걸었을까. 갑작스레 길 끝에 나타난 에펠탑! 어제저녁, 스무 해 만에 다시 파리에 도착한 첫날 밤, 에펠탑을 보겠다고 그렇게도 마냥 밤거리를 걸어 겨우겨우 찾아냈는데 이제 보니 어지간히도 돌아 간 모양이다. 까만 밤하늘에 레이저를 쏘아 대며 위풍당당하던 에펠탑도 회색빛 새벽에는 참한 얼굴로 다소곳한 모습이다.

새벽을 여는 사람들은 어디에서나 아름답다. 제아무리 사랑과 낭만의 도시 파리라도 누군가에겐 그저 팍팍하고 분주한 일상의 공간일 뿐이다. 테이블과 의자를 정리하며 손님 맞을 준비에 한창인 카페 웨이터, 밤새 길가에 잔뜩 쌓인 낙엽을 쓸어 담느라 이미 땀에 젖은 할아버지, 커다란 트럭에 과일과 식재료를 싣고 박스를 옮겨 나르느라 분주한 청년, 까만 코트에 멋진 머플러를 두르고 지하철역으로 바삐 걸어가는 뾰족구두 아가씨, 간단한 식사를 앞에 두고 신문을 읽는 말쑥한 정장의 중년 남자… 엊저녁 그 늦은 밤에도 카페를 가득 채우고 있었는데, 이 새벽에도 어느새 또 카페를 채우고 있는 이 나라 사람들은 대체 뭔지 모르겠다.

3

문학과 철학을 논하던 장소로 카페 문화가 한창 꽃피던 시절인 1860년대엔 파리의 카페가 20만 개에 이르기도 했다는데 현재는 3만여 개 수준이라 한다. 프랑스 전역으로 확대해 살펴보자면 20세기 초가 전성기로 자그마치 60만 개에 이르던 시절도 있었지만 현재는 5만여 개 수준이란다. 파리의 카페가 이렇게 줄어든 것은 실내에서 담배를 피울 수 없게 된 것이 가장 큰 원인이라는데, 아무래도 현대인의 생활 패턴과 문화가 달라진 것도 영향이 있지 않을까. 모여서 책 읽고 토론하며 문학과 예술, 정치와 사상을 논하는 것을 즐기던 시절이 있었는가 하면, 지금은 아무리 파리라 해도 이런 문화가 희미해져 가고 있는 탓이지 싶다.

그렇지만 파리 사람들에게 카페는 여전히 일상인 것 같다. 파리 체류 기간 동안 숙소로 삼았던 몽파르나스의 호텔 주변 거리에도 한 집 건너가 카페였다. 늦은 밤까지 그곳을 가득 메운 손님들은 수다스러운 멋쟁이 젊은이들부터 멍한 시선의 중년 여인, 신문을 앞에 둔 백발의 노신사까지

참으로 다양했다. 게다가 다음 날 새벽 산책길에선 어김없이 다시 문을
열고 테이블과 의자를 정리하는 웨이터들을 만나곤 했다. 파리의 카페가
우리의 그것과 다른 점이 있다면 손님 연령대가 매우 다양하다는 점, 특
히 중장년층, 심지어 백발의 노인들도 신문 한 장을 앞에 두고, 혹은 작은
책 한 권을 앞에 두고 돋보기로 들여다보는 모습을 심심찮게 발견할 수
있다는 정도다.

서울의 우리 동네에는 십여 년째 그 자리를 지키며 밤새 문을 여는 24시
간 해장국집과, 새로 지은 현대식 건물에 천장이 높고 창이 넓은 스타벅
스가 나란히 있다. 이른 새벽 몽파르나스의 카페를 찾는 손님들은 번들거
리는 스타벅스의 한껏 멋 낸 손님들보다는 24시간 해장국집의 고단한 새
벽 손님들에 가깝다. 텁텁한 행색의 남자들이 저렴하고 간단한 메뉴 한
접시를 시켜 놓고 고단한 몸을 테이블에 기대고 앉아 있다. 밤새 마신 술

이 아직 안 깬 건지, 밤샘 일로 지친 건지 물 먹은 스펀지처럼 몸이 무거워 보인다.

실내 장식이며 분위기는 홍대 앞에 즐비한 감각적이고 현대적인 카페 풍경과 흡사하고, 흰색 셔츠에 까만 조끼를 말쑥이 차려입은 웨이터들은 시중을 드느라 분주하게 오가는데, 정작 손님들의 투박한 행색은 영락없이 동네 뒷골목 해장국집 손님이니 이 부조화를 어쩌란 말인가.

1920년대 파리에서 잠시 살았던 젊은 날의 헤밍웨이처럼 필요한 것이라곤 "겉장이 파란 공책 한 권, 연필 두 자루와 연필깎이, 대리석 상판 테이블, 코끝을 간질이는 커피 향, 이른 아침 카페 안팎을 쓸고 닦는 세제 냄새, 그리고 행운"이 전부인 젊은 작가 지망생도 저 구석 어딘가에 굶주린 배를 움켜쥐고 앉아 있을지 모를 일이다.

카페 드 플로르의 빨간 가죽 의자

1

존재 자체가 예술이고 철학인 그런 사람과 그런 장소가 간혹 있다. 카페 드 플로르도 그런 곳이었다. 적어도 이곳에 앉아 음악 같은 낯선 언어의 바다에 빠져 있던 그 저녁만큼은 세상 누구보다 자유로운 느낌이었다.

카페 드 플로르는 1881년 문을 연 이래 이웃한 카페 레 되 마고와 함께 파리의 문학 카페로 이름을 떨치고 있는 곳이다. 생 제르맹 데 프레 지역 한복판에 길 하나를 사이에 두고 나란히 자리한 이 두 카페는, 헤밍웨이는 물론 장폴 사르트르(Jean-Paul Sartre, 1905-1980)와 시몬 드 보부아르(Simone de Beauvoir, 1908-1986), 알베르 카뮈(Albert Camus, 1913-1960), 롤랑 바르트(Roland Gérard Barthes, 1915-1980), 랭보(Arthur Rimbaud, 1854-1891), 앙드레 지드(Andre Gide, 1869-1951), 기욤 아폴리네르(Guillaume Apollinaire, 1880-1918), 피카소(Pablo Picasso, 1881-1973) 등 수많은 이가 머물며 문학과 예술을 논하던 곳이다.

2

실존주의 사상가인 장폴 사르트르와 시몬 드 보부아르는 소르본 대학에서 철학을 전공하고 교수 자격시험을 각각 수석과 차석으로 합격했다. 계약결혼이라는 당대로서는 기이한 행보로 사람들의 이목을 끌기도 했다. 둘은 이곳 2층의 구석에 자리를 잡고 앉아 아침 9시부터 낮 1시까지, 그리고 오후 4시부터 8시까지 하루 여덟 시간을 꼬박 앉아 사색을 하고 글을 썼다 한다.

글을 쓰지 않는 시간엔 1층으로 내려와 문인, 예술가, 사상가, 지인 들을 만나 토론을 하며 시간을 보내곤 했다. 이들 부부가 처음부터 카페 드 플로르에 자리를 잡았던 것은 아니었다. 애초엔 바로 옆의 또 다른 전설적인 카페인 레 되 마고에서 글을 썼는데 그곳보다 이곳이 난방이 좀 더 잘 돼 옮기게 되었다 한다. 제2차 세계대전으로 피폐한 상황이었던지라 난방에 필요한 충분한 연료 공급이 어려웠던 탓이다.

아침이면 거리의 신문 가판대에는 사르트르가 밤새 어떤 글을 써 냈는지 궁금해서 기다리는 손님들이 줄을 섰다 하니, 당시 그의 철학과 사상의 영향력을 엿볼 수 있다. 보부아르 역시 실존주의 사상가이며 작가로서 많은 저작물을 남기고 사회운동도 활발히 참여했으나, 사르트르와의 계약 결혼이 세간의 흥미를 끌어 사람들은 그녀의 철학이나 작품보다 독특한 삶에 대해 이야기하길 더 좋아하는 듯하다.

3

비좁을 정도로 빽빽하게 늘어놓은 짙은 갈색 마호가니 테이블들과 보부아르가 특히 좋아했다는 붉은색 가죽 의자, 벽면을 덮고 있는 커다란 거울, 카페의 인테리어는 1930년대 모습 그대로다. 한 시대를 풍미한 문인과 예

술가, 사상가 들이 종일 앉아 문학과 예술과 철학을 논했다는 곳. 그 작은 카페의 북적거리는 틈바구니에 작고 작은 테이블 하나를 겨우 차지하고 앉았다. 그다지 넓지도 않은 공간에 사람도 너무 많고, 손님은 하나같이 너무나 수다스럽고, 사이사이로 오가는 웨이터들은 유난히 분주하다.

웨이터를 파리에선 '갸르송(garçon)'이라 하는데 '갸르송'은 프랑스 말로 '소년'이라는 뜻이다. 사실 불어 발음은 '갹송'에 더 가까운 것 같기도 하다. 그런데 이곳에서 만나는 '갸르송'들은 나이 지긋한 아저씨들이다. 간혹 배우처럼 멋진 젊은 남자를 만나기도 하지만 그렇다 해도 '소년'이라 부를 만한 남자아이들이 시중을 드는 모습은 본 적이 없다. 빳빳하게 다림질한 흰색 와이셔츠에 까만 리본 타이와 까만색 조끼, 종아리까지 내려오는 하얀색 기다란 앞치마, 반짝이는 은색 쟁반을 손끝에 올리고, 새하얀 냅킨을 팔뚝에 걸친 채, 허리와 턱을 꼿꼿이 세우고 자신만만한 걸음

걸이로 분주히 움직이는 웨이터들의 모습은 파리 카페의 재미난 풍경 중 하나다.

플레인 오믈렛과 야채 수프를 주문했다. 각각 23유로와 20유로쯤 했던 것 같다. 커다란 바게트 빵과 생크림이 함께 나왔다. 옆자리에는 거동이 불편해 보이는 할아버지가 앉아 있다. 테이블 위에 놓인 음료 두 잔은 입을 댄 흔적도 없이 모두 가득 채워진 채로 놓여 있다. 아마도 테이블을 차지하고 앉아 있는 시간이 길어지면서 거듭 주문만 해 놓은 것으로 보인다. 이 할아버지, 내가 몹시도 궁금한 모양이다. 푸근한 미소를 보내며 몇 번인가 눈을 맞추더니 이내 이것저것 물어온다.

"여행 왔소? 어디서 왔소? 여기는 처음인가요? 옆 카페도 유명한 건 알고 있겠지요? 거긴 여기만큼 맛있지는 않아요. 그래도 한 번쯤 먹어 볼 만은

하지. 웨이터들이 입고 있는 까만 옷이 재미있지 않나요? 나는 요기서 5분 거리에 살아 자주 오는 편이라우."

쉬엄쉬엄 이야기를 나누고 있는데, 신문을 파는 흑인 청년이 할아버지에게 다가온다. 비닐 팩에 든 오늘 자 신문「르 몽드」를 들이민다. 늘 하던 일인 양 자연스럽다. 가만 보니 이 청년과도 잘 아는 사이인 모양이다. 심술궂은 표정의 무뚝뚝한 여주인이나 거만해 보이는 웨이터들과도 친밀해 보이는 것이, 이 할아버지, 어지간히 단골은 단골인가 보다.

사르트르와 보부아르가 글을 썼다는 2층이 궁금하다. 마침 화장실도 2층에 있다니 핑계 삼아 올라가 본다. 베트남인으로 보이는 웬 여자가 입구를 지키고 앉아 동전을 받고 있다. 얼핏 보니 1유로, 2유로, 50센트짜리도 보인다. 파리는 예나 지금이나 화장실 인심이 정말 박하다. 20년 전 첫 파리 여행 때는 꽤나 큰 문화 충격이었지만 이젠 그도 익숙해져 가고 있다. 그 사이 파리도 변해, 예전에는 지하철역에도 공중화장실이 없었는데 이제는 역 근처에 설치된 간이화장실을 몇 번 보기도 했다. 마침 동전도 없고, 근 5만 원어치나 저녁을 주문해 먹었는데 꼭 사용료를 내야겠나 싶어 사정을 이야기하며 물었더니 "네 맘대로!(Up to you!)"라는 짧은 대답이 돌아온다. 쌀쌀맞은 표정과 무례한 응대는 불쾌했지만, 화장실은 아주 깔끔했다.

4

이곳, 카페 드 플로르의 2층이 바로 사르트르와 보부아르가 종일토록 앉아 사색을 하고 글을 썼다는 곳이다. 계단 벽에는 문학 토론회와 공연 안내문들이 빼곡히 붙어 있다. 다락방 느낌의 2층은, 북적대고 어수선한 1층과 달리 아주 조용하고 아늑해서 원고를 쓸 만하게 생겼다. 자신만의 집필 공간을 오래도록 갖지 못해 이렇게 카페를 전전하다가 말년에서야 작은 아파트를 하나 얻어 글을 쓰게 된 보부아르의 방을 사진으로 본 적이 있다. 카메라를 응시하는 그녀의 어깨 너머 뒤로, 책꽂이 위에 가지런히 놓여 있는 사르트르의 사진이 인상적이었다.

이름난 작가들의 은밀한 작업 공간을 소개하는 책들이 최근 유행인 모양이다. 작가와 예술가의 가난은 후대에 더할 나위 없이 고상한 미학적 이미지로 포장되어 유통되곤 한다. 가난과 소외와 고독과 우울 속에 고통받은 불행한 삶일수록 예술가 본연의 정신세계와 닿아 있는 것처럼 믿어지기도 한다. 되도록 성격마저 괴팍해서 당대 대중과는 도무지 소통 불능

이었다면 오히려 후대엔 더욱 매력적으로 겹겹이 조각 이야기들이 더해져 전해지기까지 한다.

그렇게도 가 보고 싶었던 카페 드 플로르도 어쩌면 매력적인 인물과 장면으로 포장된, 그냥 그렇게 오랜 이야기가 덧대어지고 덧대어지며 만들어진 공간 중 하나가 아닐까. 우리가 소모하고픈 스토리와 이미지가 알맞게 구색을 갖춘 오래된 공간. 그렇다면 파리는 정말 조직화되고 체계화된 마케팅의 선수들만 모여 사는 도시인 셈이다.

05

당신도 「미드나잇 인 파리」의 주인공처럼

1

밤 12시만 되면 황금마차가 호박으로 변하고 마부들은 생쥐로 변해 버리는, 마법에 걸린 파란 드레스의 금발 아가씨가 있는가 하면, 성당의 종소리가 자정을 알릴 적마다 앤티크 푸조를 타고 1920년대 파리로 시간 여행을 떠나는 몽상가 남자가 있다. 남자는 매일 밤 오래된 성당 앞 낮은 계단에 앉아 자신을 문학과 예술의 황금기로 실어다 줄 친구들을 기다린다. 파리 여행 전 필독서처럼 되어 버린 우디 앨런(Woody Allen, 1935-)의 마흔한 번째 영화 「미드나잇 인 파리」(2011) 이야기다.

주인공 길 펜더는 할리우드 영화의 시나리오를 쓰고 있지만 순수문학 작가로 살고 싶어 한다. 1920년대 파리의 비에 젖은 밤거리를 그리워하며, 다락방 한 칸을 얻어 소설을 쓰는 꿈을 품고 있다. 그의 약혼녀 이네즈는 남자를 이해하지 못한다. 캘리포니아의 말리부에 신혼집을 차리고 파리에서 사 모은 고가구로 집 안을 장식하고 싶을 뿐이다. 툭하면 비가 쏟아지는 파리의 날씨는 불편하기만 하다. 안 팔릴 것이 뻔한 소설이나 쓰고 싶어 하는 약혼자 길을 도무지 이해할 수 없다.

때마침 파리를 방문 중인 친구 캐롤과 그의 애인 폴을 우연히 만나 두 커플은 파리 여행을 함께하지만 매번 삐걱대기 일쑤다. 그날 밤도 이네즈는 친구들과 춤을 추러 가고 혼자 남은 길은 파리의 밤거리를 배회한다. 길을 잃고 오래된 성당 앞 계단에 앉아 잠시 쉬고 있는데 자정을 알리는 종소리가 들린다. 그러고는 어디선가 갑자기 등장한 앤티크 푸조. 차에 타고 있던 시끌벅적한 젊은 친구들에게 홀린 듯 몸을 싣고 길은 과거로 시간 여행을 하게 된다.

1920년대 파리 한복판에 던져진 길은 평소 숭배해 마지않던 헤밍웨이와 소설을 논하고, 스콧 피츠제럴드와 거트루드 스타인, 파블로 피카소와 살바도르 달리(Salvador Dalí, 1904-1989), 루이스 브뉘엘(Luis Bunuel, 1900-1983)과 만 레이(Man Ray, 1890-1976) 등을 만나 꿈같은 시간을 보낸다. 신비로운 여인 아드리아나를 만나 설렘을 느끼며 밤거리를 함께 걷기도 한다.

하지만 길이 그렇게도 그리워하던 1920년대 파리에 살고 있는 아드리아나는 정작 자신이 살고 있는 시대가 아닌, 벨 에포크(Belle Époque) 시대를 그리워한다. '가장 아름다웠던 시대'라 칭해지는 그 시절. 어느 날 밤, 여느 때와 같이 애틋한 시간을 보내고 있는 둘 앞에 갑자기 웬 마차가 나타난다. 마차는 벨 에포크 시대의 상징 막심(Maxim) 레스토랑으로 둘을 데려다준다. 그곳에서 놀랍게도 툴루즈 로트렉(Henri de Toulouse-Lautrec, 1864-1901)과 에드가 드가(Edgar De Gas, 1834-1917)와 폴 고갱(Paul Gauguin, 1848-1903)을 만난다. 그러나 '아름다운 시대'를 살고 있는 그들은 정작 자신들의 이 시대가 엉망이라고 분노하며 지난날을 그리워한다.

사람은 이렇게 끝도 없이 지나간 시절을 그리워하게 되어 있는가 보다. 2010년대를 살고 있는 길은 1920년대 파리를 그리워하고, 1920년대 파리의 아드리아나는 1890년대 벨 에포크 시대를 그리워하고, 벨 에포크 시대의 화가들은 르네상스 시대를 그리워하고… 결국 아드리아나는 그리도 그리워하던 벨 에포크 시대에 남기로 결정하고, 길은 꿈에서 깨어나듯 현실로 돌아온다.

쓸쓸히 센 강 위의 다리를 거닐던 길은, 앤티크 숍에서 전에 만난 적이 있는, 콜 포터(Cole Porter, 1891-1964)의 음반을 팔던 파리지엔느 가브리엘과 조우한다. 센 강 위 다리를 비를 맞으며 건너는 길과 여인의 뒷모습을 끝으로 영화는 막이 내린다. 1920년대 음악을 좋아하고, 비 내리는 파리의 밤거리를 천천히 걷기를 즐기는, 서로 닮은 이 여자와 이 남자는 새로운 사랑을 시작할 것이다. 사랑을 시작하기 딱 좋은 도시, 파리에서.

2

그날 밤은 나도 「미드나잇 인 파리」의 주인공 길 펜더처럼 파리의 밤거리를 헤매 다녔다. 구름이 잔뜩 낀 회색빛 하늘은 두꺼운 담요처럼 도시를 덮고 있다. 회청색 지붕을 인 베이지색 건물들이 나지막한 높이로 끝도 없이 늘어서 있다. 좁고 긴 골목길들이 고즈넉하고 운치 있다. 비에 젖은 거리에 가로등 불빛이 내려앉는다. 젖은 불빛을 머금은 도시는 노란빛이 돌아 따뜻하다.

파리에서 가장 오래된 성당이 서 있는 생 제르맹 데 프레 역에서 출발해 골목길을 조금 걷다 보니 「다빈치 코드」(2006)의 무대였던 생 쉴피스 성당(Église Saint Sulpice)이 보인다. 검게 그을린 듯한 건물 벽이며 거대한 성

당의 모습이 음산한 영화 속 분위기를 떠올리게 한다. 큼직한 분수대와 나이를 짐작하기 어려운 커다란 나무들이 성당 앞 광장을 둘러싸고 있다.

가로등 아래엔 패션 화보에서 막 나온 것 같은 젊은 남녀가 서로를 바라보며 서 있다. 저절로 눈길이 가는 이 아름다운 커플은, 이제 막 사랑을 시작한 설레는 연인인 것도 같고, 지친 만남을 정리하려는 오래된 연인인 것도 같다. 한참을 훔쳐보았다. 무슨 사연일까. 헤어지는 밤이 오늘은 아니었으면 좋겠다는 생각을 하며 다시 걷는다.

뤽상부르 공원길로 접어들었다. 헤밍웨이가 거트루드 스타인 여사 집에서 문학 이야기를 나누다 공원 문이 닫힐 정도로 시간이 늦어지면 공원 밖으로 에둘러 돌아 집으로 향하곤 했다던 바로 그 길이다. 공원을 가로질러 가면 훨씬 가까울 것을, 쓸데없는 토론이 길어져 돌아가게 되었다며 투덜대던 장면이 떠오른다. 늦은 시간인데도 뤽상부르 미술관은 아직 열려 있고 이 시간에 입장을 하는 관람객도 여럿 눈에 띈다.

뤽상부르 궁전을 끼고 도니 작고 예쁜 카페들이 하나둘 나온다. 깜찍한 소품을 파는 가게와 앤티크 숍들도 보인다. 문 닫은 가게의 쇼윈도 너머로 아기자기한 장식품들 사이 나의 시선을 멈추게 한, 마음에 와 닿는 문구.

"Do one thing everyday that makes you happy."

맞아. 매일매일 나를 행복하게 하는 일 하나씩은 하고 살아야 하는데. 오늘이 가기 전 딱 한 줌만큼씩만 행복을 건져 올려도 살 만한 인생일 텐데 말이지. 운동복 차림에 조깅하는 아저씨, 하나둘 짝지어 담소를 나누며 걷는 아줌마, 카페에 마주 앉아 소곤거리는 남녀, 잠시도 쉬지 않고 입을 맞춰 대는 연인들. 파리의 골목길에서 스쳐 지나간 이 사람들, 오늘 밤 자신을 행복하게 하는 일 하나씩은 건져 낸 것일까.

골목골목을 돌아 주느비에브 언덕 위 팡테옹까지 걸었다. 팡테옹 옆 성당에 젊은이들이 삼삼오오 모여 있다. 생테티엔뒤몽(Saint Étienne du Mont) 성당이다. 「미드나잇 인 파리」에서 길을 잃고 헤매던 주인공이 앤티크 푸조를 만나던 바로 그곳이다. 이곳에 앉아 있으면 자정 무렵 혹시 나도 마법 같은 행운을 만나게 되는 건 아닐까? 계단에 앉아 기다려 보았다. 시간이 충분히 늦지 않은 탓인지 간절함이 덜했던 탓인지 아무 일도 일어나지 않았다.

스물몇 젊은 날의 헤밍웨이가 이 골목들을 이렇게 헤매 다녔다는 것 아닌가! 오늘 밤 나처럼. 백 년쯤 전이라지? 아, 가슴이 뛴다. 아마도 영화를 만든 감독 우디 앨런도 그랬을 것이다. 그러니 그렇게 길 펜더를 젊은 시절 그가 즐겨 찾던 카페로 데려갔겠지. 헤밍웨이가 살았던 집, 카디날 르무안 거리 74번지도 가 보고 싶고, 무프타르 거리와 시장도 구경하고 싶은데 비가 온다. 아쉽지만 시간도 너무 늦었다. 아무래도 오늘은 이쯤에서 호텔로 돌아가야 할 것 같다.

3

여행에서 돌아온 후 한참이 지난 어느 저녁이었다. 여느 때처럼 퇴근을 하자마자 주방으로 달려가 쌀을 씻기 시작했다. 얼른 밥부터 안치고 옷을 갈아입자 싶었다. 주섬주섬 오디오 전원을 켰다. FM 라디오에선 「세상의 모든 음악」 시그널이 막 끝나 가고 있었다. 전기현의 오프닝 멘트를 어수선한 부엌에서 흘려보내고 아쉬움에 귀 기울여 들어 보니 귀에 익은 음악이 흘러나온다. 다나 불르(Dana Boule)의 「내게 사랑을 말해 줘요(Parlez-mois d'Amour)」.

아드리아나와 길이 1920년대 파리의 밤거리를 거닐던 그 장면에 흐르던 음악이지 않은가. 애틋한 눈빛을 주고받으며 하염없이 거닐던 파리의 밤거리가 떠오른다. 아드리아나의 촉촉한 눈빛과 하얀 원피스와 낮은 목소리도 생생하다. 늦가을의 파리, 그 싸늘한 밤공기가 기억 저편에서 스물스물 기어 나온다. 쓸쓸함과 설렘과 그리움이 뒤엉키면서 갑자기 저 아래서 울컥 무언가가 올라온다. 가슴속 일렁임을 주억주억 눌러 삼키며 밥을 안쳤다. 나도 몰래 어느새 뺨을 타고 흐르는 눈물. 파리가 그리워서인지 파리를 거닐던 그 시절의 내가 그리워서인지 아무래도 그걸 모르겠다.

06

오페라 광장의 서글픈 와인, 레미제라블

1

지나간 날들에 대한 아련한 회상, 이제 막 싹튼 사랑을 놓아야만 하는 애
틋함, 자유를 향한 열정과 갈망, 피의 혁명을 앞둔 처연한 각오, 이 모든
것들에 대한 깊은 공감과 우정, 스스로는 정작 모르고 있지만 그 시절을
지나온 이라면 누구나 알고 있는 그 아름답고 눈부신 젊음과 순수….

마지막일지도 모르는 밤, 마지막이 될지도 모르는 술… 아름다운 청년들
이 바리케이드에 기대어 병째 건네며 한 모금씩 나누는 와인이 어찌나 슬
프던지 결국 눈물을 쏟고 말았다. 「Drink with me」의 선율과 화음과 가사
는 어쩌면 그리도 아름답고 가슴 아프던지… 하필 비까지 추적추적 내리
고 있었다.

> 함께 마시자.
> 지난날을 위하여,
> 예전에 그랬던 것처럼, 그때처럼.
> 우정의 잔을 함께 나누자.
> 그들을 위하여, 나를 위하여,
> 지나버릴 오늘 밤을 위하여.

영화 「레미제라블(Les Misérables)」(2012)은 혼란스러운 시대 상황과 파리의 당시 도시 풍경을 놀랍도록 실감 나게 재현하고 있다. 원작 소설의 막대한 분량과 장황한 내용 전개를 생각하면 더욱 놀랍다. 장엄한 연출과 매우 빠른 극의 전개는 몰입도를 높이고, 배우들의 비장한 연기와 노래는 오래도록 울림을 남긴다. 음악이 특히 일품이다. 「Do you hear the people sing」이나 「One day more」에는 가슴이 뜨거워지고 주먹이 불끈 쥐어진다. 민중의 분노와 힘으로 일구어낸 그들의 역사가 부럽기까지 하다.

마리우스로 분한 에디 레드메인은 보고 또 봐도 다시 보고 싶다. 가녀린 어깨와 주근깨 가득한 순수한 얼굴, 떨리는 목소리로 말하는 사랑과 고뇌의 노래는 듣고 또 들어도 이내 다시 듣고 싶어진다. 특히 코제트와 함께 부르는 「A heart full of love」는 끊어질 듯 이어지는 호흡, 목소리에서 느껴지는 작은 떨림까지도 이제 막 사랑을 시작한 연인의 설렘을 그대로 담아내고 있다. 들을 때마다 숨이 멎는 느낌이다.

2

생 미셸 대로로 접어들어 조금 더 걷다 보니 이번엔 소르본 대학이다. 광장의 불 밝힌 카페마다 젊은이들이 가득하다. 피자와 맥주 따위가 쓰인 메뉴판, 간이식 의자와 테이블을 채우고 앉아 웃고 떠들고 있는 이들을 보고 있자니, 대학 앞 허름한 주점에서 파전에 막걸리를 두고 앉아 시간 가는 줄 몰랐던 그 옛날이 아련히 떠오른다. 이렇게 금방 그리운 추억이 되어 버릴 줄 그땐 몰랐다. 아름다운 것들이 머무는 시간은 인생에서 이리도 짧기만 하다.

소르본 대학과 팡테옹이 있는 이 지역을 카르티에 라탱이라 한다. 라틴 구역. 라틴어로 수업이 이루어지고 학문과 토론의 장이 펼쳐지던 곳이라 그리 부르게 되었다 한다. 라틴어라니! 이제는 전혀 쓸모없어진 언어의 흔적이 이방인에게도 향수를 일으킨다. 라틴 구역을 거닐다 보면 크고 작은 카페마다 젊은이들이 빼곡하다. 지명 때문인지 이 친구들은 모두들 '쓸모'와는 무관한 철학적 토론을 하고 있을 것만 같은 착각이 든다.

어두운 골목과 골목을 돌아 언덕 위 팡테옹까지 걸었다. 납골당 뒷골목에 이렇게 화려한 카페와 펍이 들어서 있는 풍경이라니! 죽어 버린 위대한 이들은 말이 없고, 살아 있는 이름 없는 젊음들은 소란스럽다. 죽은 이들이 누워 있는 거대한 팡테옹과 젊은이들의 열기로 출렁이는 골목길의 사이에 서서 문득 우물쭈물 어디로 갈지 모르는 나를 발견한다.

3

빅토르 위고(Victor-Marie Hugo, 1802-1885)의 작품 『레미제라블』(1862)은 소설이라기보다 대서사시다. 프랑스에서는 성경 다음으로 많이 읽힌다니 무슨 말이 더 필요할까. 영화와 뮤지컬로도 가장 많이 만들어진 작품 중 하나다. '장발장'이라는 제목의 어린이 문고판으로도 만들어져 널리 읽히고 있다. 하지만 '빵을 훔친 죄로 투옥되었던 장발장이, 성당의 은촛대를 훔쳐 다시 위기에 처하는데 자애로운 신부의 은혜로 새 삶을 살게 된다'는 이야기는 『레미제라블』의 극히 일부에 지나지 않는다.

2천 5백여 페이지에 다섯 권으로 구성된 이 소설은 작정을 하고 덤빈다 해도 여간한 인내심과 끈기가 아니고서는 끝까지 읽어 내기가 쉽지 않다. 1845년부터 1862년까지 집필에만 17년이 걸렸고, 이야기의 단초를 찾고 구상한 기간이 무려 35년이나 된다니 왜 안 그렇겠는가. 1815년, 일흔일곱 살 미리엘 주교의 이야기로부터 시작되는 소설은 1832년 6월 실패로 끝나 버린 학생봉기를 주요 제재로 삼고 있다.

연약하고 추악한 인간 군상, 그들의 우연과 필연이 복잡하게 얽혀 이루어 가는 사회와 역사, 허망한 삶을 끌어가는 철학과 종교, 거역할 수 없는 숙명 속에서도 자유와 평등, 사랑과 희생의 고결함을 지켜 가는 숭고한 모습까지 인간사의 거의 모든 요소가 집약된 작품이다. 작품을 뚫고 흐르는 무거운 서사와 그 사이로 얼핏얼핏 드러나는 가녀리고 애달픈 서정, 작가의 무한한 지식을 보여 주는 상세하고 장황한 배경 설명, 틈틈이 등장하는 유머까지, 이 작품은 소설이기도 하고, 시이기도 하고, 가끔은 무슨 대백과사전 같기도 하다.

『레미제라블』의 장대한 서사만큼이나 위고의 삶도 파란만장했다. 일찌감치 문학적 명성을 얻고 정치 시인으로 이름을 떨치던 위고는 40대 초반에 이미 상원의원, 국회의원으로 선출된다. 자신이 지지하던 루이 나폴레옹(Charles Louis Napoléon Bonaparte, 1808-1873)이 쿠데타로 제2제정을 선포하자 그에 맞서 날선 비판을 하다 추방된다. 이로 인해 1851년부터 1870년까지 20년이나 망명 생활을 해야 했다. 망명지에서의 고독을 창작에 대한 열정으로 승화시켜 무수한 대작을 이 시기에 집필하고 출간한다. 이때 탄생한 작품이 『레미제라블』이다. 35년을 품고 있다 17년에 걸쳐 집필한 다섯 권의 책이 차례로 출간되던 1862년은 그의 나이 예순이 되던 해였다.

빅토르 위고는 프랑스 대혁명 직후 태어나 80여 년의 세월을 장수를 하며 혼란스럽기 이를 데 없던 길고도 고단한 혁명의 시대를 온몸으로 살아 냈다. 드물게 문학가뿐 아니라 정치인으로도 사랑을 받았던 행운아다. 1885년 국장으로 치러진 그의 장례 때는 밤새도록 개선문 아래 횃불에 둘러싸여 유해가 안치되었고, 이튿날 팡테옹까지 이어진 장례 행렬에는 수만 명의 파리 시민이 그의 뒤를 따랐다 한다.

4

빅토르 위고가 브뤼셀에 망명 중이던 제2제정기는 파리가 몸살을 앓던 시기다. 나폴레옹 3세에 의해 오스만의 대대적인 도시 개조 사업이 진행되던 시기이기 때문이다. 역사라는 것이 참으로 아이러니해서, 당시 파리의 빈민은 삶의 터전을 잃고 교외로 쫓겨나고, 도시의 피로감은 극에 달했지만 공사의 결과로 남게 된 도시의 모습은 찬란하다. 이때 지어진 대표적 건축물이 오페라 가르니에(Opéra Garnier)다. 화려하기 이를 데 없는 이 극장은 밤이면 더욱 아름답다.

그날 밤은 루브르에서 오페라까지 걸었다. 루브르도 밤이 낮보다 아름답다. 유리 피라미드에 반사된 불빛이 화려하다. 루브르 주변의 호화로운 건물과 세련된 사람들을 구경하며 오페라 가르니에까지 걸었다. 지하철 두 정거장 거리지만 구간이 짧아 걸을 만하다. 극장에 도착해 보니 광장에서 한 남자가 기타를 연주하며 노래한다. 「Moonlight shadow」. 지하철역마다 이런 이들은 수도 없이 만났지만 오페라 광장이라 그런지 특별한 느낌이다.

계단을 가득 메운 군중 틈에 나도 자리를 잡고 앉아 음악에 푹 빠졌다. 얼굴에 와 닿는 가을밤의 찬바람, 귓가에 가득 맴도는 소박한 연주와 노래. 내 앞에는 일단의 젊고 멋진 여자들이 앉아 있다. 유럽 어디 다른 나라에서 온 여행객 같다. 맥주처럼 와인을 병째 돌려 마시고 있다. 영화 「레미제라블」의 아름다운 청년들이 떠오른다. 바리케이드에 기대어 병째 나누던 마지막 와인….

돌아오는 길에 호텔 앞 동네 마트에 들렀다. 싸구려 와인을 한 병 사 들고 올라왔다. 창밖으론 파리의 지붕들이 내려다보인다. 저 골목들 사이로 수도 없이 바리케이드가 세워지고 무너지고 했더란 말이지. 앙졸라와 마리우스, 그 아름다운 청년들의 젊음과 순수와 신념과 방황과 고뇌가 가슴 아프다. 그 모든 푸른 열정과 외침에도 결국 쓰러지고 말았어야 했던 여리디여린 삶이 가슴 시리다.

"그대는 기억하는가 우리의 즐거웠던 날을,

우리가 다 같이 그렇게도 젊었던 때를,

좋은 옷차림에 사랑하는 것밖에는

마음속에 다른 욕망이 없었던 때를!

그대의 나이를 내 나이에 합쳐도,

우리는 둘이서 사십도 못 되던 때를,

그리고 우리의 소박하고 단출한 살림에는,

모든 것이, 겨울마저도, 우리에겐 봄이었던 그때를!"

오늘은 와인이 쓰다.

07

몽파르나스 묘지, 저주 받은 시인

1

몽파르나스 묘지를 찾은 건 고요하고 아늑한 일요일 오전이었다. 가을 냄새가 완연한 묘지 길을 산책하며 이파리가 하나둘 떨어져 내려 쓸쓸함이 묻어나는 나무들 사이로, 이름난 이와 이름 모를 이들의 묘를 하나씩 하나씩 살펴보며 걷는다. 느린 걸음의 나 같은 방문객들과 간혹 눈을 맞추기도 한다. 이 사람들은 어떤 연유로 죽은 이들의 무덤을 애써 찾은 것일까. 이 좋은 휴일 아침, 오래전 죽은 이들의 무덤 사이를 걷는 일이 무슨 의미가 있을까. 차가운 비석에 새겨진 이름 몇 자 위로 무심한 눈길을 던지곤 주섬주섬 주워 담아 떠나는 일이, 누워 있는 그네들에게, 여기 서 있는 내게 무슨 의미가 있는 것일까.

누군가의 묘비 앞에서, 심약해 보이는 하얀 얼굴의 청년이 같은 얼굴의 여인에게 낮은 목소리로 시를 읽어 주고 있었다. 시인지 편지인지 모를 일이다. 노란 편지지 위에 손으로 쓴 글자들이 얼핏 시처럼 보였고, 그의 목소리의 떨림이 시처럼 들렸다. 이들이 시작하는 사랑이 어쩐지 불안해 보인다.

조금 걷다 보니 여행객으로 보이는 한 무리의 사람들이 빙 둘러서 있는 모습이 보인다. 유명인사의 묘지인가 보다. 가까이 다가가 보니 아니나

다를까, 시몬 드 보부아르와 장폴 사르트르다. 둘의 이름과 생몰 연도 외에 아무것도 쓰여 있지 않은 묘비 앞에서 가이드는 빠른 설명을 이어 가고 있었다. 어떻게 만났고, 대학을 졸업할 때 어땠고, 계약결혼이 어떻고, 누구와 교류했고, 무엇을 썼고, 죽어서 어땠고… 무심한 표정의 가이드는, 죽은 이들의 삶을 조각조각 다시 맞춰 흥미로운 이야기로 쏟아 내느라 바빠 보였다. 사람들은 그 옆에서 사진을 찍느라 분주했다. 살아서 세상의 중심에 있었던 이들은 죽어서도 사람들을 끌어모으나 보다.

그에 반해 샤를 보들레르(Charles Pierre Baudelaire, 1821-1867)의 묘는 제대로 찾았는지 의심스러울 정도로 한적했다. 어느 것이 어느 것인지 확신 못하는 사람들이 낡은 지도를 들고 이리저리 기웃거리거나, 묘비 사이를 까치발로 옮겨 다니며 안내 책자와 묘비명을 번갈아 확인하다가 고개를 갸우뚱하는 것이 보들레르 묘 주변의 유일한 풍경이었다. 그나마도 엄마와 아빠와 아들로 보이는 백인 가족 하나와 젊은 흑인 부부 한 쌍이 전부였다.

사실 몽파르나스 묘지에서 보들레르의 묘비를 찾는 일은 생각보다 쉽지 않은 일이다. 가족묘라서 우리가 아는 시인의 이름이 전면에 크게 부각되어 있지 않은 것이 우선 큰 이유다. 몽파르나스 묘지는 워낙 면적이 넓어 안내판에 번호표까지 붙여 유명한 작가와 예술가와 철학가의 이름을 표기해 놓았고, 묘비명을 찾기 쉽도록 위치까지 일일이 표시해 두었지만, 계부의 이름 아래에 작게 표기된 보들레르의 이름은 그냥 지나치기 십상이다.

2

샤를 보들레르는 1821년 파리에서 태어났다. 아버지 프랑수아 보들레르는 환속한 사제 출신의 아마추어 화가였다. 환갑의 나이에 서른넷이나 어린 여자와 결혼을 했고, 보들레르가 여섯 살이 되었을 때 세상을 뜬다. 어머니 카롤린느 드파이는 2년 후 오픽 장군과 재혼한다. 생부가 남긴 유산을 만 스물한 살에 물려받은 보들레르는 방탕한 생활로 재산을 탕진하고, 거리의 여인 잔느 뒤발을 만나 평생의 연인이 된다. 아들의 생활을 보다 못한 어머니는 법원으로부터 '금치산 선고'를 받아낸다. 매독과 실어증과 마비로 마흔여섯의 나이에 죽을 때까지 매달 일정액의 생활비를 받아 써야 했으며, 스물몇 차례나 이사를 하며 도시의 셋집을 전전하는 고단하고 우울한 삶을 살아야 했다.

보들레르는 제2제정기 파리의 화려한 외면과 그 뒤에 가려진 음울한 풍경을 구석구석 '산보자(flâneur)'의 눈으로 탐색하며 강렬한 이미지와 상징적인 시어들을 쏟아 낸다. 도시의 향락과 타락, 인간의 천박한 욕망에 대한 환멸을 끊임없이 독설로 쏟아부으면서도 그곳을 떠나지 않고 평생을 그 안에서 신음한다. '파리의 시인'이라 불리는 이유다.

첫 시집이자 생전의 유일한 시집 『악의 꽃』이 출간된 것은 1857년 6월이다. 같은 해에 동갑내기 작가 귀스타브 플로베르(Gustave Flaubert, 1821-1880)의 『보바리 부인』도 출간된다. 그리고 이 두 작품은 재판에 붙여지는 초유의 사건을 겪는다. 무죄 판결을 받은 『보바리 부인』과 달리 『악의 꽃』은 유죄 선고를 받는다. "추잡하고 부도덕한 구절과 표현"을 담고 있고, "공중의 도덕과 미풍양속을 침해"했다는 것이 이유였다.

3

영화 「이미테이션 게임」(2014)에서, 영국 드라마 「셜록」 시리즈로 유명한 배우 베네딕트 컴버배치는 2차 세계대전 당시 독일군의 암호를 풀어내는 영국의 천재 수학자 앨런 튜링으로 분해 열연을 펼친다. 암호학 개론서를 읽으며 첫 친구와 암호에 대한 이야기를 나누는 장면이 있다.

"비밀이 아니란 게 엄청난 매력이지. 누구나 볼 수 있는 메시지인데 그 뜻을 알 순 없어. 단서를 찾아 풀어야 해."

암호학의 매력에 푹 빠진 친구가 이렇게 말하자, 사회 부적응자의 전형인 것 같은 얼굴과 표정과 몸짓으로 천재 수학자는 시큰둥하게 답한다.

"그게 말하기랑 뭐가 달라. 사람들은 말할 때 말속에 다른 의도를 숨기곤 그걸 알아듣길 바라. 나는 전혀 안 그러거든. 나한텐 다를 바 없어."

세상엔 수없이 많은 암호로 코드화된 언어가 떠다닌다. 타인의 언어를 이해하는 일만큼 어려운 일도 없다. 연인과 친구, 가족 등 가장 가까운 이의 언어를 이해하는 데에도 깊은 주의가 필요하고, 특별한 연대로 묶인 일정한 그룹 내 공유되는 언어도 그것이 함유하는 의미를 찾아내려면 고도의 기술이 필요하다. 모두가 자신의 의도를 그대로 드러내지 않기 때문이다. 멀리 갈 것도 없다. 동네 아줌마와 아저씨들이 나누는 매일매일의 잡담만 해도, 직장 동료들 간의 대화는 물론, 오래된 동기동창 사이 오고 가는 대화만 해도 얼마나 많은 은유와 상징과 질투와 자긍심과 비아냥거림이 그럴듯한 조사와 어미들로 연결되고 포장되어 소모되는가. 보통 사람의 일상의 언어조차 이리도 피곤한데 시인의 언어에서야!

보들레르의 시집 『악의 꽃』이 유죄 선고를 받은 것은, 자신의 생각을 그가 그리도 경멸했던 도시의 군중이 해독하기 어려운 암호로 코드화한 탓일까, 아니면 사회의 통념이 수용할 수 있을 만한 수준으로 적절히 감추고 암호화했어야 했던 걸 하지 않은 탓일까. 몽파르나스 공동묘지 샤를 보들레르의 묘비. 계부의 이름 아래 새겨져 있는 그의 이름이 갑갑하다. '오픽'과 '보들레르'라는 두 이름의 이질감이 영 편치 않다. 죽어서도 자유롭지 못하니 그는 정말 그의 말대로 태생부터 저주받은 시인인가.

08

파리 6층 다락방, 릴케와 보들레르의 새벽 한 시

1

도시는 인간을 삼켜 버린다. 도시의 인간은 이름이 없다. 이름 없는 인간들이 끊임없이 자신의 이름을 외치고 자신의 얼굴을 내민다. 시간과 장소를 공유하며 얼굴을 맞대고 말을 섞고 있어도 그들 사이에 진정한 교류는 불가능하다. 모두들 자신에게 도취되어 있고 자신의 언어로만 이야기하며 타인의 언어조차 자신의 것으로 해석해 버리기 때문이다. 공들여 선택한 어휘와 문장에 조심스레 마음을 싣고 몇 번의 망설임 끝에 어렵사리 흘려보내도 결국 그것은 누군가의 언어로 재구성되고 재해석되어 조각조각 흩어져 버린다. 유리창에 부딪는 찬바람처럼 한순간에 부서져 버린다. 유리문은 절대 열리지 않는다. 찬바람은 갈 곳이 없다.

하루 동안 우리는 수없이 많은 이와 옷깃을 스치고 수없이 많은 이와 눈을 마주치고, 그중 몇몇과는 웃음을 나누며 꽤 긴 시간 대화도 나누지만, 의미 있는 만남과 오래 남을 인연은 드물다. 잠시 공유한 시간과 말과 미소들이 먼지가 되어 날아가기도 하고, 때론 그 말의 파편들이 한동안 나의 주변을 맴돌다 문득문득 살갗을 찌르는 가시가 되어 박히기도 한다. 도시의 인간은 하나같이 외롭고 상처투성이다.

그 속에서 사람들은 자신이 특별함을 증명하기 위해 끊임없이 투쟁한다.

자신과 싸우고, 타인과 싸우고, 시간과 행복을 담보로 싸운다. 때론 자신의 특별함이 인정되어 소위 주류에 편입되기를 갈망하기도 하고, 때론 주류이든 비주류이든 군중에 섞여 몰려다니며 희희낙락 뭉개져 가는 타인의 모습에 환멸을 느끼기도 한다. 이 모든 어지러움으로부터 벗어나 마음을 비우고 가벼운 몸으로 고고히 떠돌겠다는 야심 찬 꿈을 품기도 하지만, 그 역시 타인과 다름을 인정받고 싶은 간절한 욕망의 다른 발현일지 모른다. 결국 인간은 하나같이 다르고도 같다.

2

"모든 인간이 한심하고 내 자신이 한심해서, 나는 이 밤의 정적과 고독 속에서 나를 회복하고 조금이라도 긍지를 누리고 싶다. 내가 사랑했던 사람들의 영혼이여, 내가 노래했던 사람들의 영혼이여, 내게 힘을 주시라. 나를 붙들어주시라. 세상의 거짓과 부패한 증거를 나에게서 멀게 하시라. 그리고 그대, 주 나의 신이여! 아름다운 시를 몇 구절이라도 지어내어 내가 인간들 가운데 가장 하등한 자가 아니며, 내가 경멸하는 저들보다 더 못난 놈이 아니라는 것을 내 자신에게 증명할 수 있도록 은총을 베풀어주시라."

샤를 보들레르의 시집 『파리의 우울』에 실려 있는 50편의 산문시 중 하나, '새벽 한 시에'의 마지막 부분이다. 이 시는 원래 1862년 8월 27일 자 「라프레스」지에 실렸었다. 그로부터 5년 후 마흔여섯의 시인은 세상을 떠난다.

자신이 경멸하는 인간들 틈에서 그들보다 못난 놈이 아님을 증명하는 일

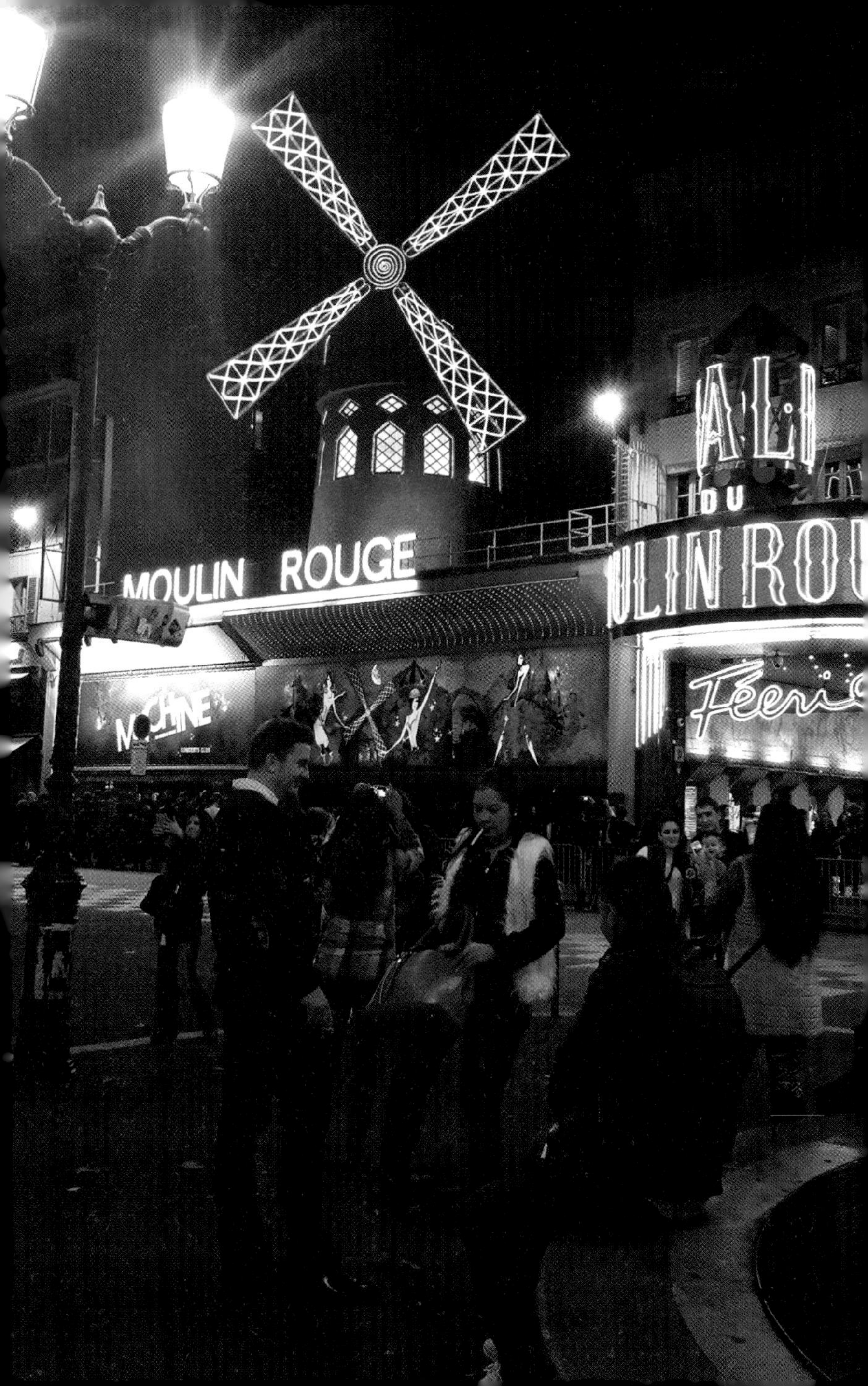
MOULIN ROUGE
DU

에 실패한 것일까. 한심하고 한심한 인간들 틈에 자신을 회복하고 긍지를 누리는 일이 끝내 불가능했던 것일까. 시인은 자신의 언어만큼 강하지 못했다. 불편하리만치 강렬한 언어를 쏟아 내며 세상의 주목을 받은 시인은 불완전하고 미성숙한 아이처럼, 어느 평론가의 말을 빌리자면, 회복이 덜 된 환자처럼 짧은 생을 위태롭게 살다 고통스럽게 죽어 버렸다.

새벽 한 시. 드디어 혼자인 시간. 스무 명이나 되는 사람과 인사를 나눠도 그중 열다섯은 모르는 일이 허다한 도시, 러시아를 섬으로 알고 있으면서도 자신의 얄팍한 지식을 부끄러워하기는커녕 문인이라고 우쭐대는 인간 따위를 상대해야 하는 삶. 끔찍한 도시에서의 끔찍한 하루를 돌아보며 피로를 풀 수 있는 하루의 마지막 시간. 온전히 혼자일 수 있는 유일한 시간. 세상으로부터 바리케이드를 치고 어둠과 적막 속에서 온전히 자신과 대화할 수 있는 시간. 무지와 허세, 위선과 폭력이 가득한 세상에서 자신을 지켜 낼 순수한 시간적 공간, '새벽 한 시'.

파리에서 태어나 평생을 그곳에서 살며 애정과 증오로 파리를 노래한 시인 보들레르. 그는 어쩌면 평생도록 세상과 자신을 단절시키며 끊임없이 '새벽 한 시'를 기다렸는지 모른다. 밤의 적막과 고독 속에 고통스러운 내면을 들여다보며 절망과 원망과 한탄을 시로 쏟아 낸 것인지 모르겠다.

3

가난한 무명 시인의 고독과 방황과 번뇌를 담아내면서 릴케는 보들레르의 이 시, '새벽 한 시에'의 마지막 이 부분을 그대로 인용한다. 『말테의

수기』를 무심히 읽다가 보들레르의 이 구절을 맞닥뜨렸을 때의 그 반가움이란! 생각지 못한 곳에서 이렇게 생각지 못한 조각과 단서를 발견할 때의 감동과 희열은 이루 말로 표현할 수가 없다. 그런 날 밤은 설렘으로 밤새 뒤척이기 일쑤다. 40년 전 파리의 시인 보들레르가 회색빛 도시의 다락방을 전전하며 추위와 적막 속에 절규했던 것처럼, 파리의 이방인 릴케도 '스물여덟 해나 살도록 아무것도 해 놓은 것이 없다'고 한탄한다. 새벽 한 시, 회색빛 파리의 6층 다락방에서 진실하고 소박한 단 몇 줄의 문장으로 시를 써내게 되길 간절히 소망하는 것이다.

09

국립도서관 앞 작은 공원

1

오늘은 국립도서관이다. 파리 국립도서관에서 시를 읽고 글을 쓰는 근사한 경험을 해 봐야겠다는 기특한 생각이 떠오른 것이다. 릴케(Rainer Maria Rilke, 1875-1926)를 읽어 볼까? 프랑시스 잠(Francis Jammes, 1868-1938)이어도 어울리겠지? 아니, 백석(白石, 1912-1995)이나 윤동주(尹東柱, 1917-1945)여도 괜찮겠다.

릴케가 남긴 유일한 소설『말테의 수기』에는 파리 국립도서관 장면이 나온다. 프랑시스 잠의 시를 읽으며 시인으로서의 소망과 다짐에 대해 이야기하는 내용이다. 릴케와 프랑시스 잠을 우리 시인 백석과 동주가 사랑한 것은 많이 알려진 사실이다. 백석의 시「흰바람벽이 있어」와 윤동주의 시「별 헤는 밤」에는 둘 다 프랑시스 잠과 라이너 마리아 릴케가 등장한다. '하늘이 가장 귀해하고 사랑하는 것들', '아름답고 가난하고 그리운 것들'을 말하면서 바다 건너 두 시인의 이름을 부른다.

그러니 파리 국립도서관을 향하면서 릴케와 프랑시스 잠, 그리고 백석과 동주에게까지 생각이 흘러가 다다른 것은 내 탓이 아니다. 심지어, 동주의 삶이 안타까운 스물여덟 해로 멈춰버린 것과 소설 속 주인공 말테의 나이가 스물여덟이었던 것까지, 시간과 공간을 넘어 모두가 얽혀 있는 것이 어쩐지 운명 같다. 그래, 오늘은 파리 국립도서관이다.

2

1902년, 스물여덟의 독일 시인 라이너 마리아 릴케가 파리에 당도한다. 조각가 로댕(Auguste Rodin, 1840-1917)에 대한 평론을 써 달라는 위촉을 받은 참이다. 지금은 로댕미술관으로 남아 있는 그의 작업실에서 로댕의 작업을 관찰하고 『로댕론』을 집필한다. 파리의 작은 하숙집에 머물며 젊은 시인은 거대하고 비정한 도시 파리의 구석구석을 거닐고, 그 안에서 신음하는 병든 영혼들의 절망을 목도한다. 이방인의 눈으로 차갑고 낯선 도시를 관찰하고, 인생과 시의 본질에 대해 고뇌하며, 순수한 영혼의 소리를 담은 진실된 시를 쓰기를 갈망한다.

이때의 파리 체험을 바탕으로 후에 로마에서 쓰기 시작한 소설이 『말테의 수기』이다. 일기 같기도 하고 수필 같기도 한 이 소설의 서술자는 '말테 라우리스 브리게'라는 긴 이름을 가진 덴마크의 몰락한 귀족 출신 젊은 시인이다. 결국 이 소설은 말테의 수기이기도 하고, 릴케의 일기이기도 한 셈이다.

> "나는 여기 앉아서 한 시인의 작품을 읽고 있다. 열람실에는 많은 사람들이 있지만 그것을 느낄 수 없다. 그들은 책에 몰두해 있다. (…) 이 도서관에서 책을 읽고 있는 사람들 중에서 어쩌면 가장 가난하고, 게다가 외국인이기까지 한 내가 시인을 앞에 두고 있다는 건 무슨 운명인가."

가난한 무명 시인 말테는 센 강변의 고물상이나 헌책방을 기웃거린다. 국립도서관에 앉아 좋아하는 시인의 시를 읽는 날도 있다. 한가하고 지루한 삶을 꿈꾸기도 하고 유년시절의 추억에 잠기기도 한다. 고향을 떠나 낯설고 적막한 남의 나라 도시 한복판에 놓인 가난하고 젊은 시인은, 온기 없는 다락방에서 밤을 지새우며 사랑과 인생과 시에 대해 고민한다. 밤의 적막을 잊기 위해 쓰고 또 쓰며, 욕심 없이 겸허하고 따뜻한 시를 쓰고 싶다는 꿈을 꾼다.

백여 년 전에도 도시는 욕망과 환영으로 출렁였고, 누군가는 자연의 평화로움과 소박한 전원의 삶을 그리워했던 모양이다. 어지러운 파리를 떠나 조용한 시골에서 그런 삶을 살며 시를 쓰던 이가 있었으니, 프랑시스 잠이다. 시끄러운 도시를 등지고 고요한 산속에 살며 겸허한 언어로 전원을 노래한 시인. 손때 묻은 오래된 물건을 순박한 서정으로 노래한 시인, 우유를 담고, 빵을 만들고, 구두를 수선하고, 씨앗을 뿌리고, 달걀을 거두어 들이는 일상을 노래한 시인. 말테는, 아니, 릴케는 그런 시인이 되고 싶다 말한다.

> "이 세상 어딘가에서 아무도 돌보는 사람 없이 문이 굳게 닫혀 있는 많은 농가들 중, 어느 한 곳에서 살 수가 있다면, 나도 한 사람의 시인이 되었을지도 모른다는 생각을 해 본다. 방 한 개만으로도 족했을 텐데. 거기서 나는 오래된 내 물건들, 가족의 초상화들, 무엇보다도 책과 함께 살았을 텐데. (…) 다만 노란 상앗빛 가죽으로 묶인, 오래된 꽃무늬가 그려진 책 한 권. 거기에다 글을 써넣었을 텐데. 많은 것을 써넣었을 텐데. 왜냐하면 나는 많은 생각과 수많은 사람에 대한 추억을 가지고 있으니까."

3

몽파르나스에서 루브르로 이동한 후 어제 걸었던 그 길을 다시 걷는다. 근처에 국립도서관이 있다는 표지를 어제 보았는데 어쩐 일인지 오늘은 보이질 않는다. 루브르 앞 광장의 부티크와 카페를 기웃거리며 어제 얼핏 본 도서관 표지판을 부지런히 찾아본다. 오페라 쪽으로 하염없이 걷다 보니 안내 표지가 보인다. 한국 식료품점 K-mart도 우연히 발견했다. 반가운 마음에 얼른 들어가 컵라면과 맥주, 김밥과 물을 샀다. 부자가 된 기분이다.

몇 개의 골목을 돌고 돌아 마침내 도서관을 찾았지만 이런, 야속하게도 공사 중이다. 도서관 담벼락을 하염없이 바라보다 돌아선다. 헛헛한 마음 때문인지 갑자기 출출해진다. 요 앞 공원에서 점심이나 먹고 가자 싶다. 입구가 철문으로 잠겨 있기에 공원을 반 바퀴 돌아 맞은편 입구로 갔다. 그런데 여전히 같은 모양새다. 이상하다. 도서관이 공사 중이라 공원도 출입금지인가? 혹시나 하고 철문을 밀어 보니 스르르 열린다. 이런 허무할 때가! 손으로 만져 보고 한 발 디뎌 보면 쉽게 해결될 일을 우물쭈물 망설이다 얼마나 많이 놓쳐 버리곤 하는지. 하물며 물설은 남의 나라에서야.

공원에 앉아 멋진 분수대를 바라보며 K-mart 김밥을 꺼내 먹는다. 한 줄에 4유로 99센트 하는 김밥이 서울에 흔한 천 원짜리 김밥만 못하지만 배고픈 방랑자에겐 꿀맛이다. 옆 벤치엔 바게트를 뜯고 있는 프랑스 엄마와 꼬마. 그 옆엔 한국식 포장 도시락을 먹고 있는 중국인 부부와 딸 둘. 그 옆엔 동네 친구 같은 프랑스 엄마 둘, 그리고 스카이 씽씽과 미끄럼 타기에 한창인 그녀들의 아들딸들.

4

백여 년 전 파리의 이방인 말테가 그랬던 것처럼 국립도서관에 앉아 시를 읽겠다던 야무진 꿈은 끝내 이루지 못했지만, 도서관 앞 작은 공원, 파리 8구 주민들 틈에 앉아 먹은 김밥과 대낮의 맥주 한 모금은 무엇과도 바꾸고 싶지 않다. 하늘은 파랗고, 구름은 하얗고, 시간은 느리기만 한데, 입속을 맴도는 구절들. 육첩방(六疊房)은 남의 나라, 6층 다락방도 남의 나라, 파리 8구의 작은 공원도 남의 나라….

남신의주(南新義州) 유동(柳洞) 박시봉방(朴時逢方)의 백석과 동경 육첩방의 윤동주와 파리 6층 다락방의 릴케. 모두들 한데 모이면 참 재미날 텐데. 술이라도 한 잔 들어가면 누가 먼저랄 것도 없이 그 좋아하는 '프랑시스 잠'의 시를 이야기하며 날이 새도록 즐거워할 텐데. 남의 나라 도서관 앞 작은 공원에서 꾸역꾸역 상상해 보는 그림 같은 풍경.

"하늘이 이 세상을 내일 적에 그가 가장 귀해하고 사랑하는 것들은 모두
가난하고 외롭고 높고 쓸쓸하니 그리고 언제나 넘치는 사랑과 슬픔 속
에 살도록 만드신 것이다 초생달과 바구지꽃과 짝새와 당나귀가 그러하
듯이 그리고 또 '프랑시쓰 쨈'과 '도연명'과 '라이넬 마리아 릴케'가 그
러하듯이"

— 백석, 「흰바람벽이 있어」(1941) 중에서

"어머님, 나는 별 하나에 아름다운 말 한마디씩 불러 봅니다. 소학교 때
책상을 같이 했던 아이들의 이름과 패, 경, 옥, 이런 이국 소녀들의 이름
과, 벌써 아기 어머니 된 계집애들의 이름과, 가난한 이웃 사람들의 이름
과, 비둘기, 강아지, 토끼, 노새, 노루, '프랑시스 잠', '라이넬 마리아 릴케'
이런 시인의 이름을 불러 봅니다."

— 윤동주, 「별 헤는 밤」(1941) 중에서

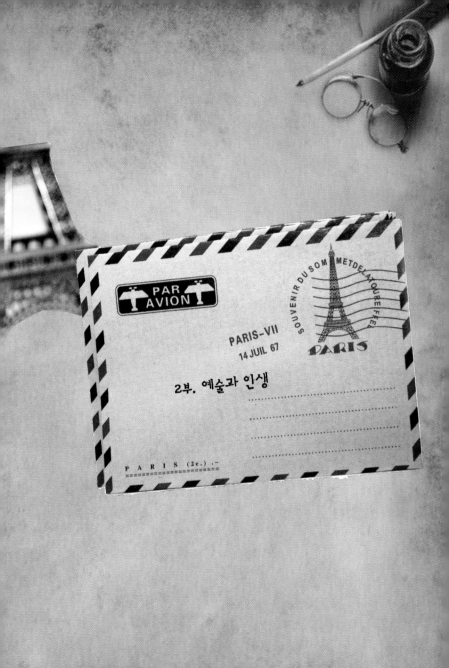

PAR
AVION

PARIS-VII
14 JUIL 67

2부. 예술과 인생

PARIS (2e.).-

오르세에서 만나는 인상주의 화가들

1

오르세 미술관(Musée d'Orsay)이 있는 뮤제 도르세 역으로 가든지 갈아타지 않고 한 번에 가는 솔페리노 역으로 가든지 내키는 대로 하자 싶어 일단 호텔을 나선다. 몽파르나스 역에서 초록색 12호선을 타고 다섯 개 역만 가면 솔페리노 역이다. 이렇게 가까운데 왜 이제야 나섰는지 모르겠다. 파리의 예정된 날들이 줄고 있다. 어쩔 줄 모르겠다.

파리의 지하철은 역과 역의 구간이 너무 짧다. 잠시 딴생각을 하는 사이 아상블레 나쇼날 역이다. 아차! 깜짝 놀라 뛰어내리려 했을 땐 이미 늦었다. 게다가 파리 지하철은 승객이 직접 손으로 스테인리스 레버를 돌려야 문이 열리도록 되어 있다. 그나마 어찌나 빽빽한지 아주 힘차게 젖혀야 겨우 열린다. 간혹 차량에 따라 버튼을 누르게 되어 있는 경우도 있는데 그건 심지어 고마울 지경이다. 야속한 잠금 장치를 서둘러 열고 부리나케 뛰어내렸지만 이미 역을 하나 지나 버렸다.

어차피 구간 거리가 짧아 다시 지하철을 갈아타고 한 정거장을 거슬러 돌아가느니 그냥 역을 빠져나가 걷는 편이 나을 것 같다. 오후에 회의와 수업 참관이 잡혀 있어 안 그래도 시간이 빠듯한데 이게 뭐람. 좁고 어두운 통로와 계단을 씩씩거리며 걷는다. 시계를 살피며 투덜투덜 바쁜 걸음으로 지하를 빠져나오는데, 역 밖으로 나오는 마지막 계단을 딛고 올라서니, 아, 노란빛의 따뜻한 가을 햇살, 그 아래 다시 또 연회색 아름다운 파리의 골목길이다. 이놈의 파리에선 젠장, 어떤 것도 용서가 되니 어쩌란 말이냐.

2

늘씬한 라틴계 여인을 마주쳤다. 오르세 미술관을 물었다. 파리에 온 후로는 길에서 헤매는 시간이 절반이고, 파리지앵이든 파리지엔느든 이곳 사람들을 마주하고 행하는 의사소통 활동의 절반은 '길 묻고 대답 짐작하기'다. 때마다 수월하게 목표에 이르는 것은 아니지만 성공적인 의사소통을 위해 눈빛과 손짓과 억양과 간절함은 기본이다.

"오르세라… 음, 이 길을 쭉 가다가 앞에 가로지르는 길을 만나게 될 거야. 그렇게 네 앞을 가로지르는 길이 세 개째 되는 지점에서 딱 왼쪽으로 돌면, 그럼 바로 오르세가 나타날 거야. 세 번째. 가만있자…."

까만 눈망울을 굴리며 주먹 쥔 손가락을 엄지, 검지, 중지까지 하나씩 펴 올리면서 하나, 둘, 셋. 하늘도 한 번 올려다보고, 눈을 몇 번인가 깜박이는가 싶더니, 새초롬한 입을 열어 아까보다 제법 힘이 들어간 목소리로 다시 대답한다.

"맞아. 세 번째야. 확실해. 거기서 왼쪽으로 한 번만 돌아, 알았지?"

가벼운 인사를 나눈 후 들은 대로 직진한다. 쭉쭉 앞으로 걸어가며 길모퉁이 건물 벽에 붙어 있는 재미난 길 이름도 한 번씩 올려다보고, 창문마다 놓여 있는 예쁜 화분과 장식들도 구경하고, 회색빛 지붕 위 건물들 사이로 조각하늘도 올려다보면서 골목골목을 걷다 보니 아차! 또 사고다. 세 블록을 지났는지 네 블록을 지났는지 그만 잊어버렸다.

그렇게 살뜰하게 다짐을 해도 매번 이 모양이다. 간절한 눈빛에 애교 섞인 목소리로 길을 묻고 미간에 주름 잡고 애써 답을 듣고 나선, 결국엔 늘 이렇게 다시 또 길을 잃게 된다. 목적지에 집중하기보다 지금 걷는 이 거리에 더 정신을 팔게 되는 이상한 도시 파리.

3

뜻대로 되진 않았어도 결국 무사히 도착했다. 오르세 미술관의 뒷골목. 빨간 차양이 예쁜 카페와 작고 고소한 냄새를 풍기는 빵집이 오르세 이름을 내걸고 손님을 맞고 있다. 미술관 앞 너른 광장에는 이른 아침인데도 사람이 북적인다. 그림을 보러 왔다기보다 누군가와의 약속을 앞둔 이들이 시간을 보내고 있는 품새다. 11유로 입장권을 끊는다. 나중에 생각해보니 16유로에 오랑주리 미술관(Musée de l'Orangerie)까지 갈 수 있는 콤보 티켓이 있었는데 4유로를 절약할 기회를 놓친 꼴이다. 아쉽지만 어쩌겠는가.

오르세는 기차역을 개조한 미술관이다. 의미심장하지 않은가. 현대 미술의 문을 연, 혁명처럼 등장했던 인상파 화가들의 작품이 근대의 공간으

로 상징되는 기차역에 걸려 있는 셈이니. 매표소와 서점을 지나 넓은 홀에 들어서면 눈앞에 펼쳐지는 풍경이 여전히 영락없는 기차역 플랫폼이다. 아치형 천장과 황금빛 벽면을 온통 뒤덮고 있는 유리창들과 철제 골조, 자연 채광 가득한 넓고 시원한 공간, 맞은편 멀찍이 높이 걸려 있는 둥글고 화려한 대형 벽시계. 회색빛 연기를 내뿜으며 요란한 소리를 내지르며 오를레앙에서 출발한 기차가 분주히 드나들었을, 한때는 현대적이었을 거대한 기차역. 스콧 피츠제럴드의 『벤자민 버튼의 시간은 거꾸로 간다(The Curious Case of Benjamin Button)』(1922)가 절로 떠오른다.

오르세 미술관에는 2월 혁명이 있었던 1848년부터 제1차 세계대전이 일어난 1914년까지 회화, 조각, 공예 등의 작품이 두루 전시되어 있다. 원칙적으로 이보다 이전 시기의 작품들은 루브르 박물관(Musée du Louvre)에서, 이후의 작품들은 퐁피두 센터(Centre Pompidou)에서 담당하고 있다. 루브르나 퐁피두보단 오르세에 오래 머물고 싶은 것도 그 때문이다.

앵그르(Jean Auguste Dominique Ingres, 1780-1867)의 「샘」이나 쿠르베(Gustave Courbet, 1819-1877)의 「화가의 아틀리에」와 「오르낭의 매장」, 밀레(Jean-François Millet, 1814-1875)의 「만종」 등과 같은 대작부터 앙리 마티스(Henri Matiss, 1869-1954)의 그림들까지, 따지고 보면 고전주의, 낭만주의, 사실주의는 물론 바르비종파와 인상주의 이후 야수파에 이르기까지 19세기부터 20세기 초까지 프랑스 회화사를 형성하는 굵직한 사조의 주요 작품들이 모두 모여 있음에도 사람들은 오르세를 유독 인상주의 미술관으로 기억한다.

그도 그럴 것이 5층짜리 미술관의 상당한 공간이 인상주의 그림들로 채워져 있기 때문이다. 에두아르 마네, 클로드 모네(Claude Monet, 1840-1926), 폴 세잔(Paul Cézanne, 1839-1906), 오귀스트 르누아르(Pierre-Auguste Renoir, 1841-1919), 에드가 드가, 카미유 피사로(Camille Pissaro, 1830-1903), 알프레드 시슬레(Alfred Sisley, 1839-1899), 베르트 모리조(Berthe Morisot, 1841-1895), 빈센트 반 고흐(Vincent van Gogh, 1853-1890), 폴 고갱, 툴르즈 로트렉… .

미술사에서 가장 매력적인 역사를 만들어 낸 일군의 예술가들을 이곳, 오르세 미술관에선 모조리 만날 수 있다. 하나하나 애틋한 이야기를 담고 있는 그들의 수많은 작품들도 질리도록 들여다볼 수 있다. 우리가 좋아하는 인상주의 화가들의 낯익은 작품들이 마치 생맥주집 구석에 성의 없이 뜯어진 채 걸려 있는 흔하디흔한 달력처럼 넘치도록 걸려 있다. 미술관이라면 도통 지루해서 마땅치 않은 사람이라도 이곳 오르세 미술관에서는 웬만해서는 지루하기조차 쉽지 않다.

1층의 마네의 「풀밭 위의 식사」, 「올랭피아」, 「피리 부는 소년」 등을 시작으로 5층의 기다란 인상주의 갤러리에 이르면, 반가운 그림들이 홀마다 벽마다 가득하다. 평론가들로부터 '인상주의'라는, 비웃음 가득한 '혹독한' 이름을 얻게 된 1874년 제1회 전시회부터 마지막 단체전이 된 1886년 제8회 전시회까지, 인상주의 화풍의 형성기부터 20세기 초까지를 시기별, 작가별, 주제별로 구성해 두어, 방 하나하나를 옮겨 갈 때마다 아쉬움과 반가움이 교차한다. 2층 고흐와 고갱 홀을 마지막으로 내려왔다.

4

미술관을 거닐다 보면 그림을 세라도 낸 듯 점령하고 앉아 토론 중인 단체 학생 관람객을 곳곳에서 발견할 수 있다. 초등학생부터 중·고등학생, 성인까지 연령대도 그룹의 규모도 다양하다. 어린아이들이 번쩍번쩍 손을 들고 질문을 하고 자신의 생각을 말하는 모습이 그림만큼이나 인상적이다. 바닥에 앉아 친구와 깔깔거리다가도 그림 이야기를 나눌 때는 하나같이 진지한 표정이다.

부럽다. 이 좋은 곳엘 이렇게 수시로 들락거리며 놀고 있다니, 그 긴 세월을 보고 또 보고 듣고 또 듣고 얼마나 좋을까. 그것도 혁명과 자유, 민중과 투쟁, 도전과 모험, 사랑과 정의, 인생과 예술에 관한 이야기들이 아니던가. 나오는 길에 서점에 들렀다. 하필 낯선 언어들 틈에 한국어 가이드북만 보이질 않는다. 안 그래도 샘이 나서 퉁퉁 부은 마음이 더욱 무거워져 버렸다.

비난과 조롱에 맞선 혁명가, 에두아르 마네

1

사람들은 그를 '멋진 수염, 윤기 나는 금발 머리칼, 유행에 민감한 세련된 옷차림, 자유롭고 쾌활한 성격에 신사다운 매너, 날카로운 언변과 카리스마, 품위 있는 거리의 방랑자' 등으로 기억한다. 사교계에서의 유명세는 물론이고 카페나 화랑을 중심으로 한 문화 예술 모임에서도 그는 늘 중심에 있었다. 그것이 인기였든, 조롱이었든.

"나는 남들이 보고 싶어 하는 것이 아니라 내가 본 것을 그린다."며 평생 고집을 피웠던, '인상주의의 아버지'라 일컬어지는 에두아르 마네 이야기다. 오르세 미술관에는 마네의 작품이 여러 점 걸려 있지만, 마네가 그려진 작품도 여럿 찾을 수 있다. 이 몇 점의 그림 속에 묘사된 마네의 모습을 보면 당대 문학과 예술의 진보적 모임에서 그가 차지한 리더로서의 위치와 영향력을 짐작할 수 있다. 앙리 팡탱 라투르(Henri Fantin-Latour, 1836-1904)의 작품 「들라크루아에게 경의를 표하다」(1864)와 「바티뇰의 스튜디오」(1870)만 해도 그렇다.

「들라크루아에게 경의를 표하다」에서 마네는 왼손을 주머니에 찌른 채 고집스러운 표정으로 화폭 밖 우리를 응시하고 있다. 그의 옆에는 그보다 열 살쯤 많은, 시인이자 미술평론가였던 샤를 보들레르가 서 있다. 「바

「튈뇔의 스튜디오」에서는 한 손엔 팔레트를, 한 손엔 붓을 들고 이젤 앞에 앉아 작업을 하고 있는 마네가 보인다. 르누아르, 에밀 졸라(Émile François Zola, 1840-1902), 바지유(Frédéric Bazille, 1841-1870) 등이 그를 둘러싸고 서 있다. 자기 확신과 열정이 가득한 예술가의 신념이 엿보인다.

2

에두아르 마네는 1832년, 법률가이자 고위직 공무원이었던 아버지 오귀스트 마네와 외교관의 딸이었던 어머니 사이의 삼 형제 중 장남으로 태어나 유복한 어린 시절을 보낸다. 아들이 당연히 자신의 뒤를 이어 법관이 되리라 믿었던 아버지는 화가를 꿈꾸는 장남에게 차선책으로 해군 장교가 될 것을 권한다. 학구적이지도 않고 공부도 잘하지 못했던 마네는 그나마 입학시험을 두 차례나 떨어지고 하는 수 없이 6개월간의 견습 항해를 떠나게 된다.

브라질의 리우데자네이루로 향한 이 항해는 아버지의 의도와는 달리 오히려 열여섯 살의 마네에게 화가의 꿈을 더욱 굳히는 계기가 되고 만다. 선원으로서 경험해야 했던 '바다와 하늘뿐인 늘 똑같은 따분한' 생활, 그것을 벗어나기 위해 몰입한 드로잉과 수채화 작업, 그리고 그의 눈에 들어온 이국적인 풍광은 이후 그의 화가로서의 삶에 어떻게든 영향을 끼쳤을 것이다. 풍경화를 잘 그리지 않은 그가 유독 이 시기의 기억을 바탕으로 한 풍경화들을 남긴 것은 우연으로 보기 어렵다.

마네가 살았던 시기는 파리가 정치적으로 매우 혼란스러웠던 시기다. 그가 태어난 1832년은 빅토르 위고가 대작 『레미제라블』의 배경으로 삼은, 실패로 끝나 버리는 6월 학생봉기가 있었던 바로 그해다. 1848년 2월 혁명과 1851년 쿠데타, 1852년 제2제정 선포와 나폴레옹 3세의 황제 즉위, 근대적 자본주의와 식민지 팽창, 1870년 보불전쟁과 파리 코뮌 등 정치적 혼란은 계속되었다.

오스만의 대대적인 도시 개발 사업으로 제2제정기 파리는 새로운 도시로 거듭나고 있었다. 중세 도시의 흔적을 깨끗이 들어내고 새롭게 닦은 도시는 세련되고 현대적인 모습으로 변했다. 새롭게 부상한 근대 부르주아 계층은 현대 도시의 새로운 주인이 되었다. 그들은 교양 있고 풍족한 문화생활을 즐겼다. 도시의 서민과 빈민은 도심에서 밀려나야 했다. 근대 부르주아의 위선과 가식, 도시 빈민의 고독하고 피곤하고 남루한 일상, 마네는 이 모든 새로운 풍경을 화폭에 담아낸 최초의 화가다.

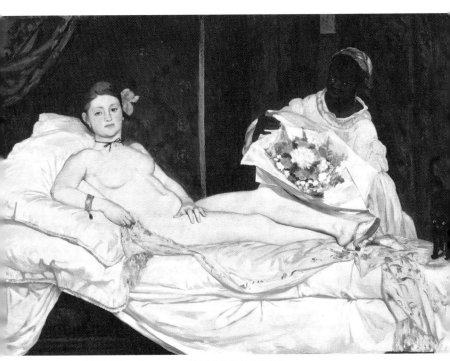

에두아르 마네, 「올랭피아」, 1863, 130.5 x 190, 캔버스에 유채, 파리 오르세 미술관

3

그럼에도 불구하고 마네는 평생 비난을 들어야 했다. 그림의 소재가 지나치게 현실적이고 사실적이라는 둥, 그림 속에 묘사된 장면이 지나치게 세속적이고 직접적이라는 둥. 당대 사람들이 생각하기에 화폭에 담기는 그림의 대상은 역사 속 인물이나 신화 속 장면이어야 했다. 회화의 마땅한 책무는 감동과 교훈을 주는 것이어야 했다. 그런데 마네의 그림은 이와는 영 거리가 멀었으니 한심한 노릇이었다. 소위 교양 있는 부르주아 관람객들은 그의 그림 앞에서 당혹스러움을 감출 수 없었다. 보고 싶지 않은 장면이 가득했기 때문이다.

도시의 어둑한 곳에서 술에 취한 허름한 남자와 널브러진 술병을 담아낸 데뷔작 「압생트를 마시는 사람」(1859), 숲 속에 소풍 나온 잘 차려입은 신사들 사이에 홀로 벌거벗은 여인을 앉혀 놓은 「풀밭 위의 점심」(1863), 게다가 벌거벗은 몸을 부끄러워하기는커녕 침대 위에 삐딱하게 누워 관람객을 두 눈 똑바로 뜨고 뚫어져라 지켜보고 있는 당돌한 매춘부 「올랭피아」(1863)까지. 그의 그림은 하나같이 중산층 시민의 새로 잘 지어진 아파트의 실내에 걸어 두기엔 영 불편한 그림투성이였다.

그림의 소재나 주제뿐 아니라 색감과 기교도 어설프다는 혹평을 들어야 했다. 그림 덜 배운 어린애가 제대로 흉내도 못 낸 수준이라는 둥, 그리다 만 것 같다는 둥. 정성을 다해 그리고 칠하고 덧입혀 마무리를 해도 모자랄 것을 그리다 만 것 같고 칠하다 만 것 같은 그림들뿐이었으니 딱한 노릇이었다. 표면도 거칠고 선도 무디고 색감의 배치와 대조도 영 낯설기

만 한 그의 작품들이 살롱의 그림에 길들여진 당대 관람객들 눈에 들어왔을 리 만무하다. 캔버스 가득 원색으로 도배를 해 버린 「피리 부는 소년」 (1866)이나 심지어 아스파라거스 한 다발로 떡하니 화면을 채워 버린 그림까지. 도무지 주제도 없고 색감도 기교도 어설픈, 무성의하기 이를 데 없는 그런 그림들뿐이었으니 그의 작품이 환영받기는 좀처럼 쉽지 않았을 것이다.

당대 심사위원이나 관람객 눈에는 마네의 끊임없는 살롱전 출품이 오히려 어이없어 보였을지 모른다. 51세에 생을 마칠 때까지 스무 차례나 출품을 했으니 그의 살롱전 집착은 가히 놀라울 지경이다. 단 세 번 정도 호평을 들었을 뿐 대부분은 비난과 조롱의 중심에 있어야 했으니 상처도 컸을 터다. 마침내 49세이던 1881년 2등상을 받으며 평생 살롱전에 참가할 수 있는 자격을 얻게 되지만 안타깝게도 2년 후 세상을 떠나고 만다.

4

당대에 인정받지 못한 고집스러운 예술가가 고독하고 쓸쓸한 삶을 마감하는 것과는 달리 그의 인생은 줄곧 외롭지는 않았다. 파격적인 누드를 비롯해 그의 여러 그림에 등장하는 모델 빅토린 뫼랑(Victorine Meurent, 1844-1927)이나, 제자이자 모델이자 연인이었으며 나중엔 동생의 아내가 된 베르트 모리조는 그에게 모델 이상의 동지였다. 다리가 썩어 들어가는 고통스러운 최후를 맞아야 했던 병상의 그에게 매일 꽃을 보내 위로한 메리 로랑(Méry Laurent, 1859-1900)은 그가 죽은 후에도 라일락꽃을 들고 매년 무덤을 찾았다 한다.

그에게 영향을 받아 새로운 화풍을 선도한 클로드 모네 같은 젊은 인상주의 화가들과 진취적인 예술가들은 말할 것도 없고, 열한 살이나 많은 시인 보들레르나 말라르메(Stéphane Mallarméé, 1842-1898), 에밀 졸라 등 문학가들은 그의 작업을 옹호하고 지지하는 글로 그에게 큰 힘이 되어 주었다. 어릴 적부터 학창 시절을 함께한 친구였으며 나중에 문화부 장관에 오르는 앙토넨 프루스트는 헌신적인 우정을 보여 주며 그의 장례식까지 맡아 치른 평생의 친구였다.

정작 인상파 화가들의 전시회에는 단 한 차례도 그림을 내건 적이 없으며 평생토록 공식적인 살롱전 입상만을 꿈꾸었던 그가 '인상주의의 아버지'로 추앙받고 있는 것은, 당대로서는 혁명에 가까웠을 과격적인 표현과 기법, 작품에 투영된 특유의 반항적인 주제와 메시지 때문일 것이다. 또한 그 모든 비난을 감수하면서도 쉬지 않고 자신만의 작품을 창작해 낸 그 지독한 고집 때문일 것이다. 그리고 어쩌면 무엇보다 이 과정을 내내 함께하고 지지해 준 우정 깊은 친구들 덕이 아니었을까 싶다.

거절은 언제나 유쾌하지 않다. 그 불쾌함은 익숙해지기도, 가벼워지기도 쉽지 않은 감정이다. 언제가 되었든 누구에게든 거절은 분노와 좌절을 유발하기 쉽다. 끊임없는 낙선. 그런데도 고집스럽게도 끝까지 '자신이 그리고 싶은 것'을 '자신이 원하는 방식대로' 표현하고, 기어이 그것으로 인정받으려 했던 화가 마네. 오르세 미술관을 나오면서 문득 궁금해졌다. 마네는 자신이 성공한 예술가로 불리길 원했을까, 자유로운 영혼의 화가로 불리길 원했을까, 아니면 미술사의 혁명가로 기억되길 원했던 걸까?

동갑내기 예술가 모네와 졸라의 파리

1

"드니즈는 자신의 두 남동생과 생 라자르 역에서부터 걸어왔다. 셰르부르에서 기차를 타고 3등칸의 딱딱한 나무 의자에서 밤을 지새운 후 파리에막 도착한 참이었다. 드니즈는 한 손으로 어린 동생 페페를 꼭 잡고 있었고, 장이 그 뒤를 따라왔다. 기차 여행으로 인해 지칠 대로 지친 세 남매는거대한 파리 한가운데서 헤매는 동안 겁을 잔뜩 집어먹은 채 높다란 건물들을 올려다보느라 머리가 빙빙 돌 지경이었다."

에밀 졸라의 장편소설 『여인들의 행복 백화점(Au Bonheur des Dames)』의첫 부분이다. 시골 출신 여주인공 드니즈 보뒤가 부모를 잃고 두 동생과 함께 거대한 도시 파리에 도착한 시점에서 소설은 시작된다. 파리 최초의 백화점 '봉마르셰'를 모델로 했으며, 주인공 무레 사장은 자본주의의 유혹과환영을, 여주인공 드니즈는 이에 굴하지 않는 강한 인간 정신을 상징한다.

1883년 출간된 이 소설은 벨 에포크라 불리던 시대의 파리 풍경을 그리고 있다. 근 80여 년에 걸친 지루하고 격렬했던 혁명의 시기가 끝나고 제3공화국이 들어선 것이 1870년. 이 무렵부터 1914년 6월 사라예보의 총성으로 전 인류가 화염에 휩싸이는 비극이 벌어지기 이전까지, 어렵사리 맞은 이 평화의 시기에 파리는 전에 없던 풍요를 경험한다.

전기와 증기기관의 발달은 산업의 발전을 가져왔고, 과학 기술의 혁신과 경제적 번영은 문화와 예술을 꽃피웠다. 낙관주의가 풍요로운 사회 전반의 정서를 지배하고 있었다. 도시는 나날이 모습을 달리하고 확장되어 갔으며, 사람들은 말끔하게 정비된 화려한 도시로 몰려들었다. 풍요와 번영의 시기이기도 했지만, 다른 한편으로 이 시대는 19세기와 20세기의 사이에 선 인간의 세기말적 허무와 공허의 체험 공간이기도 했다. 공간에 대한 인식이 확대되고 여가 시간이 늘어 표면적으로는 여유로운 삶을 구가하는 것처럼 보였지만, 도시 빈민은 증가하고 정신적 공허와 불안은 커져만 갔다.

거대한 자본이 시장을 독식하기 시작하면서 소규모 가게와 상인이 맥없이 쓰러져 가는 모습을 목격한다. 그동안 믿어 왔던 가치와 도덕이 허물어지고 그러한 위기의 상황에 무력한 인간을 체험하게 된다. 새롭게 구축된 사회 질서 속에선 물질 만능과 배금주의가 만연하고, 속도와 효율성에 대한 맹신이 사회 전반을 뒤흔들기 시작한다. 도시는 인간의 욕망과 환영으로 들끓는다. 도시로 몰려든 사람들은 누구나 이방인이다. 졸라의 소설 『여인들의 행복 백화점』은 바로 이런 욕망과 환영의 용광로인 도시를 '백화점'이라는 현대적 공간, 자본주의의 상징인 이 공간으로 그대로 옮겨 왔다. 불안과 두려움을 잊기 위해 예전엔 예배당에서 보냈던 시간들을 사람들은 이제 백화점에서 죽이며 공허하고 외로운 시간들을 채워 간다.

2

자본과 탐욕으로 어지러운 거대한 도시와 현대적 욕망과 유혹의 공간인 백화점, 그 안에서 이루어질 흥미진진한 이야기를 펼쳐 내기 위해 작가

에밀 졸라가 선택한 첫 공간은 '생 라자르 역'이었다. 당시 생 라자르 역의 상징성을 보여 주는 대목이다. 졸라와 같은 해에 태어난 화가 클로드 모네도 1877년, 78년 무렵, '생 라자르 역'이라는 제목의 기차역 그림을 여러 점 그렸다.

기차에서 뿜어져 나오는 연기는 거대한 뭉게구름처럼 기차역에 가득하다. 자욱한 연기 너머로 이제 막 정비를 끝낸 파리의 새로운 건물들이 희미하게 보인다. 오스만의 파리 개조 사업이 이제 막 끝난 참이었다. 역의 지붕과 벽면과 철로의 차가운 철골, 그 사이를 뚫고 들어오는 육중한 쇳덩어리, 그 위로 뿜어져 나와 플랫폼을 가득 채운 뭉실뭉실한 거대한 연기. 근대의 공간으로 상징되는 기차역, 근대의 상징으로 해석되는 기차, 그리고 꿈처럼 희망처럼 피어오르는 연기.

실감 나는 연기와 기차의 거대하고 힘찬 모습을 그리기 위해 역장에게 도움을 청했다는 일화는 유명하다. 모네의 패기도 놀랍지만 모네의 청을 들어준 그 역장이 더 궁금하다. 화가가 그림을 그릴 수 있도록 일시적으로 승객의 출입도 제한하고, 기차들을 플랫폼에 세운 후 동시에 엔진을 돌려 연기를 내뿜도록 했다는 것 아닌가. 자신의 결정이 미술사에 길이 남을 그림의 탄생을 가능케 한 사건으로 두고두고 회자될 것을 그 역장은 짐작이나 했을까?

3

의도하지 않았지만 '인상파'라는 이름을 탄생시킨 클로드 모네는 1840년

에두아르 마네, 「에밀 졸라의 초상」, 1868, 146 x 114, 캔버스에 유채, 파리 오르세 미술관

파리에서 태어났다. 그가 태어난 해를 전후로 파리와 인근 지역에서는, 미술사에서 가장 매력적인 역사를 만들어 낼 일군의 예술가들이 일제히 태어난다. 모네보다 한 해 앞선 1839년에는 폴 세잔과 알프레드 시슬레가, 모네가 태어난 이듬해 1841년에는 오귀스트 르누아르와 베르트 모리조가, 그리고 몇 년 후엔 귀스타브 카유보트(Gustave Caillebotte, 1848-1894)까지. 물론 그들보다 조금 앞선 에드가 드가, 에두아르 마네, 카미유 피사로도 빼 놓을 수 없다.

각자의 세계에서 다른 삶을 살던 이들은 세월이 흘러 파리의 화실과 카페에서 만난다. 그리고 1874년 개최한 최초의 단체 전시회에서 그들이 의도한 적 없지만 숙명이었던 '인상파'라는 이름을 얻게 되는 것이다. 이들은 각자 개성 강한 작품 세계를 구축함과 동시에 서로의 모습을 그려 주고, 다양한 방식으로 교류하며 새로운 역사를 만들어 갔다. 바지유는 르누아르를, 르누아르는 모네와 시슬레와 바지유를, 세잔은 피사로를, 드가는 귀스타브 모로를, 마네는 모리조와 모네의 가족을 그린다.

시공사에서 출간된 『여인들의 행복 백화점』 표지 앞날개에는 마네가 그린 「에밀 졸라의 초상」(1868)이 실려 있다. 마네는 자신의 작품 「올랭피아」가 화단으로부터 비난 일색의 반응만을 받고 있을 때 오직 졸라만이 자신의 예술 세계를 옹호하고 찬사를 보내 준 것에 대한 화답으로 이 작품을 그렸다. 졸라가 손에 들고 있는 책 『그림의 역사』나 졸라 뒤에 보이는 일본풍 그림 등은 모두 마네가 세상에 전하고자 한 메시지이기도 하다. 당시 화가와 작가와 예술가들이 어떻게 관계를 맺고 세상에 소리를 냈는지 보여 주는 그림이다.

화가들 중 부유했던 바지유는 가난한 모네와 르누아르를 자신의 아파트에서 살게 한다. 나중에 작업실을 바티뇰로 옮긴 후에는 시슬레도 같은 건물에서 살게 된다. 모네의 오랜 친구였던 조르주 클레망소는 프랑스 총리를 지냈다. 그의 권유가 없었으면, 오랑주리 미술관의 「수련」 연작을 오늘날 우리는 볼 수 없었을지 모른다. 귀스타브 카유보트는 인상주의 화가들의 단체전에 다섯 차례나 그림을 내건 화가였지만 후원가로 더 이름이 높았다. 은행가인 아버지로부터 막대한 유산을 상속받은 거부로, 가난한 동료 화가들의 작품을 사들이는 데 열성적이었기 때문이다. 이 시대 화가와 작가와 음악가와 후원자와 관료 들은 참으로 복잡하게 얽혀 그들의 이야기를 써 나갔다. 이들의 관계망과 그들이 만들어 낸 역사는 도시의 거대하고 화려한 외관보다 더 복잡하고 조밀하다.

『여인들의 행복 백화점』 첫 부분, 시골에서 막 올라온 드니즈와 어린 두 동생은 거대하고 화려한 파리의 모습에 어지럼증을 느낀다. 당시 도시의 모습은 카유보트의 그림에서처럼 현대적인 건물과 도로로 말끔하게 정돈된 모습이었을 것이다. 지저분한 중세 도시의 흔적을 싹 거둬 낸 깨끗한 거리엔 세련된 차림새의 도시인이 활보를 한다. 비 오는 날에도 산책이 가능해진 도시의 거리는 산뜻하기 이를 데 없다. 방금 대도시 한복판에 던져진 이들이 느꼈을 혼란이야 거대한 도시의 낯선 풍경 때문이었겠지만, 그들이 아직 감지하지 못한, 이 도시 안에서 일어나고 있던 변화의 기류는 도시 외관의 그것보다 훨씬 더 거대하고 힘 있는 것이었다.

제비꽃 향기의 여인, 베르트 모리조

1

날씨도 고약하고 사람들도 거만하고 말도 안 통하는 파리에서 그나마 마음 편한 딱 하나는 복장에 신경을 쓰지 않아도 된다는 점이다. 세계 최고의 패션 도시에서 옷차림에 신경을 쓰지 않아도 되어 마음이 편하다니 대체 무슨 소리인가 싶겠다. 건물도, 도로도, 하늘도, 강도, 죄다 회색빛인 이 도시에선 그저 검정 계열로 적당히 걸치면 기본은 된다는 의미다.

멋을 낸답시고 알록달록 어설프게 치장이라도 했다간 도시의 어디를 가도 나만 둥둥 떠다니는 기분이 들어 영 불편하다. 파리엔 남자도 여자도 온통 영화 「매트릭스」나 귀스타브 카유보트의 그림 「파리, 비 오는 날」에서 방금 나온 사람들처럼 까만색 외투를 걸친 이들이 가득하기 때문이다.

까만 드레스가 유난히 잘 어울렸던 파리지엔느로 인상파 최초의 여성 화가, 베르트 모리조를 꼽을 수 있겠다. 1870년대 초반 에두아르 마네가 그린 여러 그림에서 모리조는 까만색 드레스를 입은 모습으로 등장한다. 「제비꽃 장식을 한 베르트 모리조」, 「부채를 들고 있는 베르트 모리조」, 「부채를 든 모리조의 초상」 등이 그것이다.

특히 「제비꽃 장식을 한 베르트 모리조」는 매혹적인 이 여인의 모습을 고

귀스타브 카유보트, 「파리, 비 오는 날」, 1877, 83.5 x 108.7, 캔버스에 유채, 시카고 아트 인스티튜트

스란히 담아낸 최고의 작품이다. 눈빛이며 분위기가 어찌나 그윽하고 아름다운지, 그림 속 모리조가 실은 부친상 중의 상복 차림이라는 것을 자꾸만 잊게 된다. 사교계의 유명인사로 온갖 구설수를 몰고 다니며 세상을 떠들썩하게 했고, '인상주의의 아버지'라 추앙받으며 미술사에 굵은 획을 그은 마네. 그의 수많은 작품 중 유난히 따뜻하게 느껴지는 그림이기도 하다.

2

베르트 모리조는 1841년 유복한 가정에서 태어났다. 로코코 미술의 거장

프라고나르(Jean-Honoré Fragonard, 1732-1806)가 그녀의 외증조할아버지 뻘이다. 일찍부터 그림에 흥미와 재능을 보였지만 모리조가 살았던 19세기는 여성이 학교에 입학해 정식으로 그림을 배운다거나 모델을 세우고 연습을 할 수 있는 시대가 아니었다. 그나마 다행이었던 건 부모의 식견이 시대를 앞서 딸에게도 재능을 펼 기회를 허용했다는 점이다.

모리조는 루브르에서 루벤스 등 거장들의 작품을 모사하고, 인상파 탄생에 영향을 끼친 풍경화가 카미유 코로(Jean-Baptiste-Camille Corot, 1796-1875)를 사사하며 그림을 배운다. 1868년 마네를 만난 뒤로는 그의 모델로 제자로 서로 영감을 주고받으며 인생을 함께하게 된다. 이 무렵 마네는 그녀를 모델로 한 첫 작품「발코니」를 제작해 살롱전에 출품하기도 한다.

모리조는 마네에게 당대 최첨단 작가 그룹이었던 인상주의 화가들을 소개해 주고 야외에서 그림 작업을 하도록 권하기도 했다. 모델로서 제자로서 그의 작업실에서 함께하는 시간이 길어지면서 그녀의 마네에 대한 존경은 이내 사랑으로 변한다. 하지만 마네에겐 이미 아내가 있었다. 1874년 모리조는 마네의 동생 외젠 마네와 결혼한 후 4년 뒤 딸 쥘리를 낳는다.

부유한 상류층 출신으로 당대 최고의 지성과 미모를 자랑하며 화가로서도 성공한 그녀가 어떤 이유로 이런 선택을 했는지는 알 수 없다. 하지만 흔히 상상할 만한 통속소설 같은 일은 일어나지 않았다. 자기 파괴로 치닫는 비극적인 결말도 없었다. 가족이 된 후로는 더욱 가까이서 마네의 작업을 지켜보고, 병으로 쇠약해져 가는 그의 고통스러운 최후를 지킨다. 그가 죽은 후에는 그의 그림을 사들이고 전시회를 열며 마네를 세상에 알리는 일에 혼신의 힘을 기울인다.

3

> "파리에서 모델이라 하면 한 미술품과 같이 존경을 받고 (…) 모두 그림
> 에 상식이 풍부하여 화가에게 동정과 이해를 가지고 있다. 자기 마음에 드
> 는 화가가 있고 또 전도가 보이는 화가가 있다면 자기 힘껏 그 화가를 도
> 울 뿐 아니라, 모델은 자연 아는 사람이 많아서 사교계에 한 판을 잡는
> 고로 자기 좋아하는 화가의 그림을 여기저기 소개하여 팔게 한다."

나혜석이 묘사한 파리의 화가와 모델에 대한 몇 개의 단상 중 이 글은 특
히 베르트 모리조와 에두아르 마네를 떠올리게 한다. 하나 다른 점이 있
다면 모리조는 아름답고 이해심 깊은 모델이기 이전에 뛰어난 재능을 인
정받은 화가였다는 점이다. 마네를 만나기 전 이미 살롱전에 풍경화 두
점을 출품해 호평을 받은 바 있고, 1874년 인상주의 화가들의 첫 전시회
에 피사로, 드가, 시슬레, 세잔, 모네, 르누아르 등과 함께 당당히 자신의
그림을 걸었던 유일한 여성 화가였다. 이후 1886년까지 여덟 차례 이어
진 인상주의 전시회에 딱 한 차례를 제외하고는 매번 작품을 전시했을 만
큼 창작과 활동에 열정적이었다.

그의 작품은 여타 인상주의 화가들과는 사뭇 다른 분위기를 보여 준다.
「요람」, 「숨바꼭질」, 「독서-화가의 어머니와 언니」 등은 포근하고 온화한
여성의 감성과 시각을 담아내고 있다. 유난히 흰색과 진줏빛이 감도는 그
림이 많은데, 특히 「화장하는 젊은 여인」, 「침대에서 일어나」 등이 그렇다.

자칫 춥고 차가운 느낌이 들 수도 있는 흰색이 그의 그림 속에서는 진줏빛과 엉키면서 따뜻하고 풍부한 느낌을 준다. 전체적인 그림의 분위기는 은은하고 평화로운 반면 붓놀림은 자유롭고 힘차다. 여성적인 섬세함과 진취적인 의지를 동시에 엿볼 수 있는 것이 그의 작품이 지닌 매력이다.

4

오르세 미술관 5층 인상주의 갤러리에서 까만 드레스의 모리조를 처음 만난 순간의 설렘을 잊을 수 없다. 세련되고 멋진 까만 모자와 제비꽃 장식을 한 옷차림은 말할 것도 없고 정면을 응시하는 눈동자며 앙다문 입술이 어찌나 생동감이 넘치던지 한동안 발길을 옮길 수가 없었다. 가만히 들여다보고 있자니, 앞에 앉은 이 아름다운 여인을 바라보며 분주히 붓을 놀리고 있을 화가 마네의 열정적인 모습이 그녀의 눈동자 속에 비쳐 보일 것만 같았다.

그러고 보니 '모델' 모리조가 지금 응시하고 있는 것은 '화가' 마네가 아니라, 이미 아내와 아들도 있는, 이루어질 수 없는 마음속 '연인' 마네였는지 모르겠다. 까만색은 어둡고 칙칙하고 불길하고 음산한 이미지라 당시에는 꺼려지던 색이었다는데 오히려 이토록 아름답게 느껴지는 것도 어쩌면 화가와 모델 사이의 애틋한 교감 탓이었는지도 모르겠다.

마네는 「제비꽃 장식을 한 베르트 모리조」를 완성한 뒤 감사의 뜻으로 작은 정물화 「제비꽃 다발」을 그녀에게 선물한다. 그림 속 보랏빛 작은 꽃다발 뒤엔 무심하게 접힌 하얀 편지가 놓여 있는데 희미한 글귀의 내용이

자못 궁금하다. 그림을 보고 있는 우리가 이럴진대 그것을 선물받은 모리조의 마음은 어땠을까.

까만 옷과 대비되는 화사한 얼굴빛, 발그레한 뺨과 도톰한 입술, 호기심 가득한 이 여인의 도발적인 눈빛이 아름답고도 안타깝다. 인상주의의 선두 주자로 미술사에 길이 남을 고유의 작품 영역을 구축한 앞선 화가였음에도 '마네의 뮤즈'로 더 기억되고, 여자라는 이유로 죽을 때까지 아마추어 취급을 받아야 했던 베르트 모리조. 그녀의 사망진단서에 기록되어 있다는 '무직'이 기가 막히다.

에두아르 마네, 「제비꽃 장식을 한 베르트 모리조」, 1832, 55 x 38, 캔버스에 유채, 파리 오르세 미술관

05

몽마르트르의 밤, 빈센트 반 고흐

1

1886년 3월 어느 날, 파리의 기차역. 봄이라고는 하지만 여전히 우중충하고 스산한 바람이 부는 회색빛 하늘 아래, 어설픈 여행 가방을 하나 세워둔 허름한 행색의 남자가 서 있다. 남자는 검은색 크레용으로 종이에 뭔가를 끄적이고는 반씩 두 번 접어 짐꾼에게 가방과 함께 건넨다. 흔들리는 눈빛으로 두리번거리던 남자는 주섬주섬 채비를 하곤 다시 어디론가 사라진다. 짐꾼은 부지런히 달려 라발 가에 다다른 뒤 남자의 동생 집 주소를 찾아내 현관문을 두드린다.

> "내가 이렇게 갑자기 파리로 와버렸다고 화내지 않길 바란다. 많이 생각해
> 봤는데 이게 시간을 절약할 수 있는 방법일 것 같았다. 괜찮으면 정오부터
> 루브르에서 기다리마."

동생은 형이 방금 막 파리에 도착했다는 소식을 담은 편지를 받아 들고는 잠시 난감한 표정을 지은 뒤 모자와 지갑을 챙겨 들고 루브르로 향한다. 형이 그곳에서 정오부터 기다린다고 했기 때문이다. 훗날 우리에게 그렇게도 사랑을 받게 될 무수한 그림들을 그려 낸 그 유명한 화가, 빈센트 반 고흐와 평생 그의 든든한 버팀목이었던 동생 테오의 이야기다.

서른셋의 고흐가 이제 막 파리에 도착했다. 애초에 동생 테오와 약속해 둔 6월보다 몇 개월 빠른 방문이다. 동생은 나름의 계획이 있었다. 지금 살고 있는 아파트는 같이 살기엔 불편하니 형과 함께 살 수 있을 만한 좀 더 큰 집으로 옮긴 후 형을 불러들일 참이었던 것이다. 형의 즉흥적인 결 정과 실행이 난감하고 야속했지만 어쩌겠는가. 결국 둘은 라발 가의 좁은 아파트에 얼마간 머무른 뒤 몽마르트르에 새로 구한 집으로 이사를 한다.

이곳에 머물면서 고흐는 당시 한창 활발히 활동 중이던 인상파 화가들을 만나 교류하게 된다. 인상주의 단체전에 동참한 적은 없지만 새로운 사조 를 이끌어 가는 파리의 화가들과 폭넓게 교류하며 영향을 받는다. 실제 로 네덜란드 시절의 작품이 주로 농촌을 배경으로 한 인물과 생활상을 담 고 있고, 「감자 먹는 사람들」(1885)처럼 어두운 색조였던 데 반해, 파리 이 후의 그림들은 훨씬 더 밝고 다양하고 선명한 색조를 시도하고 있는 것을 볼 수 있다.

고흐는 몽마르트르에 있던 페르낭 코르몽(Fernand Cormon, 1845-1924)의 작업실에서 그림을 그리면서 툴루즈 로트렉도 만나고 후에 가장 가까운 친구가 된 에밀 베르나르(Emile Bernard, 1868-1941)도 만난다. 조르주 쇠 라(Georges Pierre Seurat, 1859-1891), 폴 시냐크(Paul Signac, 1863-1935) 등과 함께한 1886년 전시회는 신인상주의의 문을 연 순간으로 평가받고 있다. 1887년에는 후에 잠시 함께 살며 마지막 삶의 순간 한때를 공유하게 될 폴 고갱도 만난다. 파리를 떠나 남프랑스 아를(Arles)로 내려간 이후에도 파리에서 만난 드가, 모네, 르누아르, 시슬레, 피사로 등 인상주의 화가들 과 함께 화가 공동체를 세울 꿈을 꾼다.

Post-impressionnisme
Van Gogh, Gauguin,
Néo-impressionnisme,
Nabis, Bonnard, Vuillard, Denis
Niveau 2 Galerie Françoise Cachin

Symbolisme
Puvis de Chavannes, Moreau,
Redon, Pont-Aven et Nabis,
Toulouse-Lautrec
Galerie Lille

Ingres, Delacroix, Chassériau
Gérôme, Bouguereau
Tissot et le réalisme,
Les débuts de Degas
Galerie Luxembourg

2

오르세 미술관 5층 인상주의 갤러리에는 고흐 방이 마련되어 있다. 많은 이에게 사랑받는 반가운 그림들 여러 점을 한자리에서 보게 되는 기쁨이 크다. 그 방의 끝자락 복도에는 커다란 유리창이 있는데 시원스러운 그 유리창 밖으로 파리 풍경이 멋지게 펼쳐진다. 센 강 건너 파리 북쪽의 몽마르트르 언덕이 저 멀리 보인다. 언덕 위 사크레쾨르 성당(Basilique du Sacré-Cœur)이 햇살을 받아 하얗게 빛나고 있다. 저 언덕에서 가난한 고흐는 치열하게 고민하며 그림을 그렸던 것이다.

파리에 체류한 2년간 고흐는 몽마르트르의 경치를 담은 여러 점의 풍경화와 정물화, 자화상 등 200여 점의 작품을 완성한다. 이십 대 후반에야 그림을 그리기 시작해 10년도 채 되지 않는 기간 동안 2천여 점이나 되는 작품을 남겼지만 우리가 기억하는 그의 그림 대부분은 이 파리 체류 시절과 그 이후 아를에서 그린 것들이다. 1890년 5월 서른일곱 젊은 나이에 안타까운 자살로 생을 마감하기 전 얼마간의 일이다.

살아 있는 동안에는 잘 알려지지 않아 늘 가난과 씨름을 해야 했던 그는 동생에게 보내는 편지에 평생 '두 가지 생각 중 하나에 사로잡혀 있다'고 고백한다. '하나는 물질적인 어려움에 대한 생각이고, 다른 하나는 색에 대한 탐구'다. 한 해에 300만 명이 찾는다는 오르세 미술관에서, 그중에서도 가장 관람객이 많은 고흐 방에서, 세상에서 가장 비싸게 팔린다는 그의 그림들을 뒤로하고 저 강 너머 몽마르트르 언덕을 바라보고 있자면 고흐의 편지 한 구절이 쓸쓸히 떠오른다.

"언젠가는 내 그림이 물감 값과 생활비보다 더 많은 가치를 가지고 있다는 걸 다른 사람도 알게 될 날이 올 것이다. 지금 원하는 건 빚을 지지 않는 것이다."

3

고흐가 살았던 몽마르트르는 원래 풍차와 농지로 뒤덮인 교외의 언덕배기에 지나지 않았다. 도시가 개발되고 확장되면서 도심에 비해 상대적으로 집값이 싼 변두리 이 지역에 가난한 예술가들의 작업실이 들어서고 값싼 아파트를 얻어 하나둘 이주해 오는 화가가 늘어나면서 몽마르트르는 자연스레 예술가들의 아지트가 된다. 몽마르트르가 예술가들의 본거지였던 시기는 1880년부터 1895년 무렵까지였다니 고흐는 그 한복판에 이곳에 머물다 떠난 셈이다.

이제는 몽마르트르의 상징이 된, 생크림 케이크처럼 새하얀 사크레쾨르 성당이 완공된 것이 1919년이니 고흐는 이 언덕 비탈길 아파트에 사는 내내 이런 거대한 성당이 서 있는 풍경은 상상조차 할 수 없었을 것이다. 심지어 파리의 상징인 에펠탑조차도 1889년 만국박람회를 목표로 건축 중이었으니, 고흐는 파리 체류 기간 내내 한창 공사 중인 이 철제 골조물의 어수선하고 흉물스러운 모습만을 마주해야 했을 것이다.

「파리의 지붕」(1886)이라는 그림은 이곳 몽마르트르 언덕에서 내려다본 파리 풍경을 담고 있다. 파리를 처음 만난 이들이라면 누구나 느끼게 되는 건물들의 낮은 지붕과 그 위로 유난히 높고 넓게 느껴지는 파리의 하

반 고흐, 「파리의 지붕」, 1886, 53.9 x 72.8, 캔버스에 유채, 암스테르담 반 고흐 미술관

늘을 흰색과 회색과 푸른색을 절묘히 섞어 표현하고 있다. 고흐의 파리 풍경에는 지금으로서는 마땅히 서 있어야 할 에펠탑과 몽파르나스 타워가 보이질 않는다. 고흐가 조금만 늦게 파리에 당도했더라면 지금 우리는 그의 '해바라기'나 '사이프러스 나무'만큼이나 인상적인 고흐의 에펠탑을 볼 수 있었을지 모를 일이다.

4

몽마르트르를 다시 찾은 것은 여덟 시도 훌쩍 넘은 밤이었다. 여고생쯤으로 보이는 파리의 깜찍한 소녀 세 명이 사크레쾨르 성당에 오르는 길을 알려 주었다. 꼭대기까지 오르려면 계단보다는 트램을 타고 올라가야 힘도 덜 들고 재미있을 거라고 친절히 권했지만 느린 계단을 오르기로 애초에 맘을 먹은 상태였다. 언덕으로 오르는 어둡고 좁은 골목을 얼마간 지나 계단을 밟고 느릿느릿 걸어 올라가자니 나란한 옆 레일에 캡슐처럼 생긴 트램이 몇 차례 오르고 내리는 것이 보인다.

놓치지 말아야 할 파리의 10대 야경 중 하나라는 몽마르트르의 새하얀 성당을 둘러보고 나오니 계단 앞 너른 광장에서 한 청년이 트롬본을 불고 있다. 사람들은 계단을 관객석 삼아, 광장을 무대 삼아, 저 아래로 펼쳐지는 파리의 밤 풍경을 배경 삼아, 공연을 감상하고 있다. 저쪽 구석에는 까만 가죽 재킷을 걸친 빨강 머리 소녀들과, 어깨와 가슴팍에 현란한 타투를 새긴 바이크 라이더들이 무리 지어 서서 맥주를 들이켜고 있다. 파리의 좀 '놀 줄 아는' 젊은이들은 죄다 모인 듯하다.

그들의 젊음을 넋 놓고 바라보다 관광객 틈에 엉거주춤 주저앉아 잠시 노래를 듣다 내려온다. 끝없이 이어지는 계단 옆에 작은 아파트들이 서 있다. 소박해 보이는 아파트의 문틈으로 가녀린 불빛들이 새어 나온다. 창문 안에 불 켜진 식탁과 주방과 서재를 기웃거린다. 몽마르트르의 아파트라… 이런 곳에 살면 예술의 혼과 창작의 열정이 절로 샘솟게 되는 걸까. '빈방 세놓음' 표지도 가끔 걸려 있던데 저런 방 한 칸 얻어 한 몇 달만 이 언덕에 살아 봤으면.

열쇠고리, 자석, 컵, 머플러와 티셔츠가 걸려 있는 기념품 가게 골목을 걸어 내려온다. 아쉬운 마음에 이것저것 만지작거려 본다. 저녁도 굶은 터

라 딱 동네 치킨집처럼 생긴 곳에서 간단히 요기를 했는데, 어찌나 짜고 느끼하던지 겨우겨우 배 속에 넣었다. 배가 부르고 보니 조금 전 저 언덕 위에서 악기를 불고 있던 그 청년 얼굴을 좀 더 자세히 보고 올 걸 그랬다 싶다.

언덕 위에서 내려다본 파리의 야경은 기대만큼 멋지지 않았고, 몽마르트르의 화가들은 한 명도 만나질 못했지만, 꿈과 열정만으로 이곳을 거쳐 갔을 수많은 가난한 젊은 예술가들과 잠시 잔을 기울인 느낌이다. 가을 밤 찬바람이 뺨을 스친다. 돈 맥클린의 「빈센트」 가사가 귓가에 맴돈다. 'Starry starry night…'. 반 고흐가 그리도 좋아했던 밤하늘의 별이 오늘도 무심히 빛난다.

06

로댕 미술관, 아름다운 정원의 쓸쓸한 오후

1

- 무덤은 뫼동에 있지. 1917년에 죽었어. 로댕 작품은 아내 카미유의 영향을 많이 받았지.

- 영향을 받은 건 맞는데, 부인이 아니라 정부였죠.

- 카미유가요? 아니에요.

- 부인은 로즈였죠.

- 아니요. 로즈하고는 결혼하지 않았어요.

- 결혼했어요. 함께 살던 마지막 해에.

- 잘못 알고 계신 것 같네요.

우디 앨런의 매력 만점 영화 「미드나잇 인 파리」의 한 장면이다. 프랑스 전 대통령 니콜라 사르코지의 부인 카를라 브루니가 미술관의 가이드로 등장해 화제였던 바로 그 장면.

로댕 미술관 정원의 「생각하는 사람」 조각상 아래, 주인공 길과 이네즈, 이네즈의 친구 캐롤과 폴이 가이드의 안내를 받고 있다. 소르본 대학 강연차 파리를 방문했다가 우리의 주인공들을 조우한 잘난 척쟁이 폴은 이곳에서도 아는 체를 하느라 여념이 없다. 로댕이 카미유(Camille Claudel, 1864-1943)와 결혼을 했네, 안 했네 하며 가이드 브루니와 옥신각신하는 장면이다. 영화 「미드나잇 인 파리」 속의 유머 넘치는 장면을 떠올리며, 카미유 클로델의 비극적인 삶을 다룬 소설 『어떤 여자』의 우울함을 떠올리며 로댕 미술관으로 가는 민트색 메트로 13호선을 탄다. 바렌 역에 내릴 참이다.

2

파리의 골목길은 모퉁이마다 써 붙여 놓은 살뜰한 안내 표지에도 불구하고 수시로 길을 잃게 생긴 구조다. 그동안 그렇게도 하염없이 헤매곤 했는데, 이곳 로댕 미술관 오는 길은 어쩐 일인지 작정을 하고 헤매려 해도 좀처럼 길을 잃기 어렵게 되어 있다. 지하철 플랫폼에서부터 안내 푯말을 따라 쭉 걸어오다 첫 번째 골목을 들어서면 곧장 이 베이지색 건물과 마주하게 된다.

파리는 종종 으리으리하거나 심술궂거나 화려하거나 유혹적인데, 이곳 로댕 미술관 앞 파리는 단아하고 참한 느낌이다. 노란빛이 도는 베이지색 건물들 사이로 앙상한 가을 나무들, 건물 벽에 흘러내린 빨간색 휘장. 그 위에 선명한 글자, 'Musée Rodin'. 아직 미술관은 보지도 않았는데 미술관 건물의 외관과 주변의 풍경만으로도 충분히 아름다워 이곳을 그냥 서성이다가 저 모퉁이 작은 찻집에서 커피나 한잔하고 돌아가도 아쉬움이 없을 것 같다.

시원한 유리문 안팎에 까만 정장을 멋지게 갖춰 입은 안내원들이 서 있다. 이렇게 한적한 곳에 일하는 이들은 왜 그리 많은지, 보디가드 같은 건

장한 흑인 남자 여럿, 모델처럼 늘씬한 예쁜 여자 몇 명, 미술관 안주인처럼 생긴 퉁퉁하고 넉넉한 풍채의 직원 몇 명이 한가롭게 서성이고 있다. 문을 열고 들어서려 하니 유리문 너머 저 안쪽에 서 있는 일단의 안내원들이 일제히 고개를 까딱이며 호들갑스레 손가락을 휘휘 저어 유리창 밖 허공을 가리킨다. 그네들이 가리킨 손가락 끝을 따라가 보니 정원으로 이어지는 미술관 정문이 보인다.

"아하! 저기가 입구라는 거지? 좋아!"

가르쳐 준 대로 정문 쪽에 가니, 이번엔 거구의 흑인 호위병이 지켜서 있다. 나와 눈이 마주치자마자 팔을 쭉 뻗어 왼쪽 건물을 가리킨다. 아까 그 건물이다. 정문에서 출입문까지 리본 두 줄이 꼬불꼬불 이어져 있다. 리본 사이로 줄을 지어 차근차근 들어가라는 의미야 알겠지만, 줄 서 들어

갈 관람객이라곤 달랑 나 하나뿐인 이 상황이 난감할 뿐이다. 말 잘 듣는 순한 아이처럼 리본이 묶여 있는 길을 따라 건물에 들어서니, 방금 전 큰 길에서 유리창을 사이에 두고 눈짓을 주고받았던 그 퉁퉁하고 넉넉한 풍채의 아낙들이 그제야 반겨 준다.

"제대로 잘 찾아왔구나! 고생했다, 얘!"

3

들어오기까지 꽤 긴 의식을 치른 것에 비하면 너무도 허무하게 로댕의 걸작이 눈앞에 떡하니 나타난다. 그 유명한 「생각하는 사람」이다. 안 그래도 아늑하기 이를 데 없는 정원에, 장미꽃과 나무로 둘러싸인 아늑한 공간에 낯익은 남자가 앉아 있다. 아무리 고쳐 봐도, 생각하기 쉽지 않을 것 같은 불편한 자세로 정말 어지러울 것 같은 높은 단 위에 발가벗은 채 턱을 괴고 앉아 있는 그 익숙한 모습이 얼마나 반가운지 모른다.

이 남자는 생각을 머리가 아니라 온몸의 근육으로 하는 듯하다. 쏟아져 내릴 것 같은 근육의 갈래가 한 줄 한 줄 선명히 보일 지경이다. 햇살 받아 따뜻해진 벤치에 앉아 햇살 담아 더 선명한 그의 근육과 힘줄들을 바라보고 있자니 이 남자의 상념과 고민이 쏟아져 내려 나를 덮쳐 버릴 것만 같다. 벌거벗은 몸 하나로 인간의 고뇌와 번민, 열정과 고통을 이처럼 깊고도 강렬하게 표현한 조각가는 로댕 이전에 없었다.

19세기 근대 회화의 역사를 연 화가들은 무수히 많지만 조각의 근대화를

이끈 이는 로댕뿐이다. 사람의 몸으로, 그것도 벌거벗은 몸만으로, 인간의 희로애락을 심연까지 파고들어 표현을 해낸 이는 로댕 이전에 없었다. 이전의 조각가들이 시도하지 않았던, 신화적 배경이나 영웅의 이야기가 아닌 그저 평범한 인간의 몸, 늙어가고 사라져 버릴 허망한 인간의 몸 하나로 기쁨과 슬픔, 사랑과 연민, 고독과 그리움, 고통과 번뇌를 표현한 것이다.

「지옥의 문」, 「칼레의 시민들」, 「발자크」 등 무수히 많은 조각상이 낙엽 가득한 넓은 정원 구석구석에 무심하게 서 있다. 사람의 몸과 똑같은 크기의 조각상들 사이를 거닐며 만져 보기도 하고 멀뚱히 서서 바라보기도 한다. 하나하나 표정과 몸짓이 어찌나 처연한지, 작품들 사이를 거닐 땐 마음이 그다지 편하지만은 않다.

로댕 미술관은 조각 작품들도 감동이지만 미술관으로 사용되고 있는 저택이 아름답다. 특히 정원이 파리에서도 손꼽힐 만큼 아름다워서 이 저택의 최초 주인이나 건축가가 아닌, 정원을 가꾸는 데 크게 기여했던 주인의 이름을 따 '비롱 저택(Hotel de Biron)'이라 칭하고 있다. 저택의 나이는 근 300년이 다 돼 가지만, 로댕 미술관으로 개관한 것은 100년쯤 전인 1919년이다.

마흔셋과 열아홉에 스승과 제자로 만나 뜨거운 사랑과 예술에의 열정을 나누며 눈부신 조각들과 세기의 스캔들을 남긴 오귀스트 로댕과 카미유 클로델. 로댕은 자신이 살며 아틀리에로 사용했던 이 저택을 미술관으로 개관할 것과 그중 한 공간은 반드시 클로델의 작품 전시실로 꾸밀 것을 요구하며 전 작품을 프랑스 정부에 기증했다.

4

참, 다시 영화 「미드나잇 인 파리」로 가 보자. 그러면 폴의 말대로 로댕은 카미유와 결혼을 했던 것일까? 물론, 안 했다. 그러니까, 얄밉게도 여기저기에서 잘난 체를 해 대던 폴이 틀린 것이다.

로댕은 53년이나 되는 긴 세월을, 모델과 화가로 만난 로즈 뵈레(Rose Beuret)와 결혼도 하지 않고 함께 살았다. 카미유에게는 로즈와 헤어지겠다고 서약서까지 썼지만 그는 끝내 약속을 저버린다. 1917년 11월, 로댕은 77세의 나이로 세상을 떠난다. 로즈는 그보다 먼저 2월에 생을 마감했고, 둘은 로즈가 죽기 2주 전에 결혼식을 올렸다. 이미 정신병원에 수감되어 있던 카미유 클로델은 그 후로도 근 30년을 더 차가운 고독과 고통 속에 버려져 있다가 1943년, 홀로 쓸쓸히 생을 마감한다.

그녀에게 인생은 너무도 잔인했다. 평생을 끔찍이도 사랑하고 증오했던 연인도 떠나고, 자신에게 저주를 퍼부었던 사람들도 떠나고, 맹렬히 탐닉했던 미와 예술에 대한 열정도 모두 사라진 후 홀로 남아 견뎌 내야 했을 그녀의 길고 긴 어둠의 시간이 가슴 아프다. 천재적 재능과 불같은 사랑을 허락했으면서 신은 대체 이 가여운 여인을 왜 그리도 야속하게 던져둔 것일까.

몸부림치는 조각상들과 키 큰 나무들 사이를 빠져나오니 햇살이 따뜻하

다. 센 강에서 불어오는 여린 바람이 느껴진다. 산책하기 좋은 아담한 공간에 작은 카페도 있다. 여자 둘이 벤치에 앉아 커피와 샌드위치를 사이에 두고 담소를 나누고 있다. 아, 누구라도 옆에 있었으면 좋겠다. 눈부신 오후, 이 아름다운 공간에 나만 혼자라는 게, 버려진 여인처럼 오늘은 문득 서글프다.

07

숨은 보물 찾기, 파리의 작은 미술관

1

어디서부터 잘못된 걸까. 잠시 머물다 떠날 여행객 주제에 파리지엔느 흉내를 내겠다고 설친 것이 문제였을까. 품위 없게 그깟 공짜 입장료에 현혹된 것이 문제였을까. 스마트폰을 시계처럼 사용해 온 구식 습관이 문제였을까. 그래도 그렇지, 그 이름도 찬란한 파리인데, 가장자리가 너덜너덜해진 종이 지도를 들고 이 골목 저 골목을 느리게 거닐어야 제맛이지, 이 고풍스러운 도시까지 와서 평소에도 그다지 좋아하지 않는 앱을 냉큼 열어 빨간색 화살표나 따라가고 그럴 순 없지 않겠는가.

그러고 보니, 파리의 작은 미술관들은 역사 깊은 고택들 사이나 커다란 나무들 틈에 숨어 있어 찾기 어려울 수 있다는 글을, 호주 사람이 썼다는 여행기에서 얼핏 본 것 같기는 하다. 도대체 이 작은 미술관은 얼마나 작길래 이리도 꽁꽁 숨어 버린 것일까.

몽파르나스 타워 근처 잡화점 앞에서 영화배우처럼 생긴 청년을 붙들었다. 부르델 미술관(Musée Bourdelle)을 물으니 잘 모르는 눈치다. 지도까지 들이밀며 물었지만 "그러니까, 우리가 지금 여기에 서 있는 건데…" 하며 딱 내가 알고 있는 만큼만 계속 이야기해 댄다. 다시 보니 동네 미술관이랑은 별로 안 친하게 생겼다. 그래도 파리지앵인데 이방인을 돕는다는 자존심은 지켜 줘야 할 것 같아서 급한 대로, 이미 알고 있는 몽파르나스 묘지를 물으니 거긴 잘 안단다. 이 길로 쭉 걸어가면 된다고 흡족한 표정으로 자신 있게 알려 준다. 성공했다.

"너 말고 다른 이에게 물어도 여긴 다 알려 줄까?"
"응, 그곳은 누구라도 다 가르쳐 줄 거야. 아주 유명한 곳이거든."

확인을 받아 두었다. 어차피 다른 날 갈 계획이니까. 갈색 눈이 맑은 파리지앵 청년의 자존심을 지켜 주는 일은 성공했는데 내 과업은 이루지 못했다. 어디로 가야 한단 말인가.

한참을 헤매다 보니 이번엔 초등학교가 나타났다. 길모퉁이에서 초록색 유니폼을 입고 깃발 들고 서 있는 여자를 발견하곤 반가운 마음에 달려가 물었다. 기대했던 대로 잘 알려 준다. 엄마들은 아이들 때문에라도 동네 미술관이랑 친하다. 아무렴. 게다가 공짜인데. 건널목 맞은편에는 예쁜 카페가 있고, 카페 앞 테라스에는 싱그러운 청춘들이 에스프레소를 사이에 두고 앉아 서로를 응시하고 있는데, 이쪽 신호등 아래에는 아이들 하굣길 교통 안내를 위해 하염없이 깃발 들고 서 있는 여자가 있다. 예술의 도시, 낭만의 도시, 자유의 도시, 혁명의 도시, 파리. 더없이 멋진 이 도시에서도 아줌마들의 일상은 다르지 않은가 보다. 어쩜 유니폼이며 깃발까지 우리나라 초등학교 앞 녹색어머니회의 그것과 색깔도 모양새도 그리똑 닮았는지.

파리지엔느 녹색어머니회 엄마 덕에 마침내 찾았다. 부르델 미술관. 앙투

안 부르델 거리16번지. 6층짜리 하얀색 건물들이 촘촘히 늘어선 골목길에 아담한 작은 정원, 그 안에 2층짜리 빨간 벽돌 미술관이 참하게 서 있다.

2

조각가 에밀 앙투안 부르델(Emile Antoine Bourdelle 1861-1929)은 프랑스 남부 소도시 몽토방에서 태어났다. 열세 살에 학교를 그만둔 뒤 가구 제조공인 아버지의 밑에서 목공 일을 돕는다. 툴루즈 미술학교를 거쳐 스물 넷에 에꼴 데 보자르에 장학생으로 입학하지만 1년 뒤 그만두고 독학으로 조각을 공부한다. 당대 최고의 조각가였던 로댕의 눈에 띄어 그의 문하로 들어간 것이 서른두 살, 이후 마흔일곱에 그의 작업실을 나오기까지 15년을 로댕의 조수 겸 수제자로 작업을 하며, 후대에 유명해지는 많은 조각가의 스승으로도 이름을 알리게 된다.

그가 1885년부터 1929년까지 아틀리에로 사용했던 주택을 다시 개조한 곳이 부르델 미술관이다. 미술관의 공간은 크게 앞뜰과 뒤뜰로 구획된 정원, 대형 전시실과 아틀리에를 포함한 1층과 2층, 별관의 1층과 지하, 그리고 이들을 이어 주는 복도 정도로 나누어 살펴볼 수 있다. 앞뜰에는 주로 대형 청동상이, 뒤뜰에는 청동 부조 작품들이 전시되어 있고, 1층 전시실에는 석고 원형들, 2층에는 청동 흉상들이 가득 채워져 있다. 1888년 첫 작품을 시작으로 수십 년간 꾸준히 작업한 베토벤 연작 시리즈는 별관에 전시되어 있다. 그가 이토록 베토벤에 집착한 까닭은 무엇일까? 천재 예술가의 광기와 고독에 공감한 까닭일까.

스승인 로댕이 주관적 인상에 충실하고 인간의 감정 표현에 집중했던 것에 반해, 부르델은 오히려 그보다 고전적이다. 고대 신화나 현실의 영웅 등 주로 남성을 대상으로 한 작품이 많다. 그의 작품들은 매우 웅장하고 역동적이며, 질감 또한 거칠고 투박하다. 오르세 미술관에서도 만날 수 있는 그 유명한「활을 쏘는 헤라클레스」는 당장이라도 활을 쏘아 날려 버릴 것처럼 근육이 살아 있고,「죽어가는 켄타우로스」는 비극적 고통이 절절히 느껴져 자세히 들여다보기조차 힘들다. 거대한 기마상「알베아르 장군 기념상」과 이를 둘러싼「승리」,「힘」,「자유」,「웅변」의 여신상들도 눈에 띈다.

곱게 흐르는 여인의 선과 면이 인상적인「열매」는 부르델 작품에서 좀처럼 찾기 어려운 분위기다. 호메로스의 서사시『오디세이』에서 영감을 얻었다는「페넬로페」앞에선 절로 미소가 지어진다. 결혼 후 1년 만에 전장에 나간 남편을 20년이나 기다린 여인 페넬로페, 온갖 시련을 이겨 내고 돌아와 극적 재회를 이루는 남편 오디세우스. 갸우뚱 턱을 받친 채 다리를 삐딱하게 내밀고 선 풍만한 이 여인이 어쩐지 우리가 모르는 이야기를 들려줄 것만 같다.

생애 마지막까지 사용했던 가구와 소품, 집기류 등을 그대로 보존해 둔 아틀리에도 인상적이다. 찰흙 반죽을 하던 낡은 작업대와 의자, 크고 작은 작업 도구와 이젤 등이 옛 모습 그대로 남아 있다. 매일 새벽 4시면 어김없이 일어나 작업을 했다는 부르델. 고된 창작의 공간을 엿보며 고뇌와 열정이 가득했을 고독한 새벽 시간을 상상해 본다.

아담한 정원에 앉아 있으니 세상이 참 고요하다. 유모차를 끌고 나온 엄마와 아이, 폴짝거리며 조각상 사이를 헤매는 동네 꼬마들, 바닥에 쭈그리고 앉아 조각상을 뚫어지게 바라보며 모사 작업 중인 한껏 진지한 예비 예술가들은 작품보다 더 오래 눈길이 머무는 장면들이다. 그네들의 평안함이 나를 정화한다. 길 건너 오래된 아파트가 보인다. 저기 방 한 칸 빌려 1년쯤 살아 보면 어떨까. 게으른 휴일 아침이면 진한 커피 한 잔을 내려 담고 햇살 가득한 베란다에 나와 앉아 19세기 조각상들을 무심히 바라보곤 하겠지. 그런 날이 인생에 한 번쯤 있어 준다면 얼마나 좋을까.

08

조선 최초 여성 화가의 90년 전 파리 여행

1

"12일 오전 8시에 부산에 도착하였다. 친척 일동과 노모(老母)와 3아(三兒)가 나왔다. 나는 꿈인지 생시인지 눈물도 아니 나오고 감상이 이상스럽다. 자동차로 동래에 돌아왔다. 1년 8개월 전에 보던 버섯과 같은 집, 먼지 나는 길, 원시 그대로 있다. 다만 사람이 늙고 컸을 뿐이다.(…) 아, 아, 동경하던 구미 만유도 지나간 과거가 되고 그리워하던 고향에도 돌아왔다. 이로부터 우리의 전도(前途)는 어떻게 전개하려는고."

나혜석(羅蕙錫, 1896-1948)이 부산에 도착한 것은 1929년 3월 12일의 일이다. 1927년 6월 19일 부산을 떠나 1년 8개월가량의 해외여행을 마치고 이제 막 돌아온 참이었다. 시베리아 대륙 횡단 열차를 타고 러시아를 지나 유럽 땅에 발을 디딘 그녀는 파리에 머물며, 스위스, 네덜란드, 벨기에, 독일, 영국, 이탈리아, 스페인을 두루 여행한다. 이후 대서양을 건너 뉴욕에서 샌프란시스코까지 미국을 횡단하고 하와이를 여행한 후, 태평양을 건너 일본 요코하마를 거쳐 부산으로 들어온다.

한국 근대미술 사상 최초의 여성 서양화가로 알려져 있는 나혜석은 시대를 앞선 여성해방론자이자 문학 작가이기도 했다. 경기도 수원의 부유한 집안에서 태어나 진명여자고등보통학교를 최우등으로 졸업한 그는

1913년 3월 일본 유학길에 오른 오빠 나경석의 권유로 도쿄의 사립여자 미술학교에서 공부를 하게 된다. 유학생 사회에서도 드문 여성 화가와 여성 문인으로 주목을 받게 되는데 그림도 그림이지만, 1918년 『여자계(女子界)』에 발표한 단편 소설 「경희」는 여성의 각성을 촉구하는, 당시로서는 드문 실천적 작품이다. 귀국 후 3·1운동 시기엔 김마리아(1891-1944), 황애시덕(1892-1971) 등과 함께 다섯 달 동안 옥고를 치르기도 한다.

결혼을 약속한 첫사랑이었던 시인 최승구(崔承九, 1892-1917)가 폐병으로 세상을 뜨고, 자책하던 나혜석은 1920년 오빠의 소개로 만난 김우영(金雨英, 1886-1958)과 결혼한다. 이듬해 안동현 부영사로 부임한 남편과 함께 만주로 이주한 후엔 자신의 신분을 이용해 국경을 오가던 독립운동가들을 돕기도 한다. 조선미술전람회에 매년 출품하며 특선에 당선되기도 하는 등 화가로서도 전성기를 누리게 된다.

그녀의 살아생전 영화와 몰락은 파리를 거점으로 했던 구미 여행과 떨어뜨려 생각할 수 없다. 이 해외여행은 6년간의 만주 임기를 무사히 마친 김우영에 대한 일종의 포상휴가였다. 그때나 지금이나 흔치 않은 일이다. 칠십 노모에게 갓난아이를 포함한 세 아이를 맡기는 무리한 선택을 감행하면서까지 여행을 포기할 수 없었던 그녀는, 이 여행의 끝에 기다리고 있을 처참한 날들을 짐작하지 못했다. 1년 8개월의 세계여행과 파리 체류의 경험은 화가로서, 작가로서, 인간으로서, 자신의 정체성을 세우고 새로운 세계와 사상에 눈을 뜨는 계기가 되었지만 그 대가는 너무도 컸다.

파리 체류 기간에 만난 최린(崔麟, 1878-1958)과의 짧은 연애와 그로 인해

겪어야 했던 세기에 남을 이혼 사건으로 나혜석은 파경에 이르고 만다. 결국 차가운 어느 겨울날 행려병자로 서울 시립 자제원 무연고자 병동에서 쓸쓸히 생을 마감해야 했으니, 그녀에게 이 여행은 포상은커녕 독주였던 셈이다. 설령 독주일 것을 알았더라도 그녀는 이 잔을 기꺼이 받아 넘겼을까, 아니면 다른 선택을 했을까.

부산의 항구를 떠나는 그녀의 모습과 1년 8개월 후 부산으로 돌아온 그녀의 모습이 오버랩된다. 두려움과 망설임과 설렘이 뒤섞인 한 여인의 모습과, 이전의 그녀가 아닌 전혀 새로운 한 여성, 앞으로 펼쳐질 날들에 대한 기대감으로 부푼 꿈이 가득했을 새로운 여성의 모습이 겹쳐진다. 거둬내기 어려운 묵직한 바윗덩이 하나가 가슴을 짓누르는 것만 같다. 나는 이미 예전의 내가 아닌데 나를 제외한 모든 것은 예전 그대로인 그 갑갑함을 견뎌 내야 하는 일상이 어떠했을지.

2

여행에서 돌아온 후 나혜석은 기행문을 비롯해 다양한 주제의 글을 『삼천리(三千里)』, 『신가정(新家庭)』, 『중앙(中央)』, 「매일신보(每日新報)」, 「동아일보(東亞日報)」, 『신동아(新東亞)』, 『대조(大朝)』, 『동광(東光)』 등의 지면에 게재한다. 장르도 소재도 다양하다. 화가로서의 본연의 정체성에 기반한 파리 미술에 대한 경험과 감상을 담은 논평부터 여성의 해방과 생활 개선을 부르짖는 논설, 희곡이나 소설에 이르기까지.

당시 해외여행 기행문은 주로 『삼천리』에 실렸다. 이전 시기의 초기 잡지가 기관지나 학회지의 성격이 강해 대중성이 약했던 것에 비해 대중 종합지 성격의 『삼천리』는 당대 문화와 문물, 유행과 풍속을 담아내고 있었다. 해외여행 기행문을 통해 식민지 약소민족의 당면 과제와 미래에 대한 인식과 담론을 형성해 가고 있었던 것이다. 나혜석의 구미 여행기도 여러 편 실렸는데 90년 전 이 나라 신여성의 파리 체험을 읽는 일은 안타깝고도 흥미로운 일이다.

> "파리 시중 제일 큰 다점은 라쿠폴 카페와 카페 돔이 있으니 야반(夜半)에 가 보면 인종 전람회와 같이 모여들어 장관이며 카페 돔은 화가 많은 몽파르나스에 있어 늘 만원이다."

미국에서 건너온 젊은 작가 헤밍웨이가 파리의 카페를 헤매고 다녔을 즈음, 그보다 세 살 많았던, 동양의 작은 나라에서 건너온 한국 최초의 근대

여성 화가도 그곳에 머물렀던 것이다. 결혼도 비슷한 시기에 한 이 젊은 동서양의 예술가는, 어쩌면 비에 젖은 어느 오후 몽파르나스의 카페 돔이나 라 쿠폴 한 구석에서 한 번쯤 우연히 마주쳤을는지도 모를 일이다.

헤밍웨이가 이곳 파리에서 첫 아내 해들리를 두고 폴린 파이퍼와 사랑에 빠진 것처럼 나혜석도 이곳 파리에서 예술과 인생, 자유와 사랑에 새롭게 눈을 뜨게 된다. 다만 저 미국 남자는 새로 만난 사랑과 다시 결혼하고 고국의 남쪽 끝자락 바닷가에 보금자리를 마련한 후 수십 년간 더없이 영예로운 날들을 보낸 데 반해, 이 조선 여자는 고국의 남쪽 끝자락 바닷가 도시로 돌아간 것까지는 닮았으나, 파리에서 만난 사랑과 자유가 족쇄가 되어 결국 나락으로 떨어지는 서글픈 운명을 맞이하게 된다.

여행 중 넷째를 임신한 나혜석은 귀국 후 2개월 만에 아들을 낳는다. 아들 이름을 '건(建)'이라고 짓는데 "프랑스가 혁명 이후에 모든 것을 건설했기 때문에 그것을 의미"하는 이름이라고 밝힌 바 있다. 그녀에게 파리 여행은 예술과 인생의 혁명과도 같은 것이었다. 돌아온 고국 땅에서 그 혁명을 기반으로 새로운 그림과 사상과 생활을 '건설'하고 싶었을 이 여성의 고군분투가 안타깝다. 뜨거운 열정과 빛나는 재능이 가득한, 화가이자 문인이었던 한 여인, 인간 나혜석의 허무한 퇴락이 근 100년이 지난 지금도 두고두고 가슴 아프다.

09

매혹과 절망의 도시, 파리

1

독일 베를린 출신의 언어철학자이며 미학자인 발터 벤야민(Walter Benjamin, 1892-1940)은 1933년부터 1940년까지 파리에 살았다. 독일의 프랑스 침공으로 어쩔 수 없이 파리를 떠나 스페인 국경 근처에서 자살로 비극적 최후를 맞이하기 직전까지였다. 도시를 미학적 연구의 대상으로 삼았던 그는 파리의 구석구석을 탐사하며, 특히 보들레르가 살았던 제2제정기의 파리를 서정시의 대상으로 깊이 있고 방대하게 연구한다. 벤야민의 보들레르에 관한 평론 몇 편을 묶어 번역한 한 작품집에서 불문학자 황현산 교수가 붙여 놓은 해제를 읽었다. 매력적인 한 줄이 오래도록 기억에 남는다.

"보들레르와 벤야민은 근대의 수도 파리에서 동일한 매혹을 체험했고 동일한 절망으로 살았다."

아, 얼마나 많은 이들이 이 도시 파리에서 동일한 매혹을 체험하고, 동일한 절망으로 살아간 걸까.

2

노르망디의 옹플뢰르에서 태어나 파리에 온 에릭 사티(Erik Satie, 1866-
1925)도 홀로 가난하고 외로운 삶을 산 몽마르트르의 예술가다. 밤마다
카바레 '검은 고양이'에서 피아노를 치며 생계를 유지했는데, 에드거 앨
런 포(Edgar Allan Poe, 1809-1849)의 추리소설에서 이름을 따온 이 술집은
몽마르트르의 명소 중 하나다. 파리 교외의 허름한 집에서부터 몽마르트
르의 이곳까지 생계용 피아노 연주를 위해 몇 시간이나 되는 거리를 매일
똑같은 차림새로 걸어 다녔다는 이야기는 그의 독특한 성격이나 가난과
함께 종종 회자되는 이야기다.

300통이나 되는 편지를 남긴 수잔 발라동(Suzanne Valadon, 1867-1938)과
의 뜨겁고도 짧았던 사랑 이야기도 빼놓을 수 없다. 수잔은 르누아르와

툴르즈 로트렉의 그림에도 종종 등장하는 당대 최고의 모델이었으며, 나중엔 드가에게서 그림을 배워 화가로 데뷔하기도 한다.

에릭 사티의 음악 중 가장 많이 알려진 「짐노페디」(1888)와 「그노시엔느」(1890) 연작은 신비롭고 몽환적인 분위기가 아름답다. 아무래도 한 세기 이전 음악으로는 느껴지지 않는다. 눈을 감고 가만히 듣고 있자면 비에 젖은 파리의 밤 풍경이 절로 떠오른다. 스물이 갓 넘어 어떻게 이런 선율이 가능했던 걸까.

자신의 인생을 뒤흔드는 큰 의미로 각인되는 순간과 그런 공간이 누구나의 인생엔 있게 마련이다. 동생에게 보낸 700통의 편지 중 "보내 준 50프랑은 고맙게 잘 받았다."로 시작하는 편지가 수도 없고, 물감을 사기 위해 빵값을 아껴야 했으며, 모델을 구할 돈이 없어 얼굴이 잘 보이는 거울을 사서 자화상을 그려야 했던 화가. 살아서는 단 한 점의 그림을 팔았을 뿐이지만 죽어서는 세상에서 제일 비싸게 팔리는 그림의 작가로 이름을 날리고 있는 화가. 빈센트 반 고흐, 그에게도 파리는 특별한 공간이었다. 그가 서른셋의 나이에 무작정 파리로 오지 않았더라면 미술사는 지금과 많이 달라져 있을지 모른다. 파리에 머문 1년 반 기간 동안 그는 200점이 넘는 작품을 남겼다.

어디 파리가 고흐나 사티에게만 그랬겠는가. 고흐보다 어린 열아홉의 나이에 스페인에서 파리로 건너온 파블로 피카소도 고흐처럼 몽마르트르에 살며 수많은 화가들과 교류하면서 도시의 빈곤과 소외와 우울을 체험하고 표현한 화가다. 스페인에서 건너온 또 다른 화가 살바도르 달리도

있다. 독일에서 건너온 시인 라이너 마리아 릴케에게도, 미국에서 건너온 작가지망생 헤밍웨이와 스콧 피츠제럴드에게도 파리는 특별한 공간이었다. 멀리 갈 것도 없다. 우리의 조선 땅에서 건너온 화가 나혜석에게 파리 체험은 인생을 송두리째 뒤흔드는 사건이 아니었던가.

센 강변 한구석에서 이젤을 펼쳐 두고 앉아 있는 남루한 화가를 만나거들랑, 몽마르트르 거리의 허름한 카페에서 낡은 피아노를 치는 가난한 음악가를 만나거들랑, 몽파르나스의 카페 한구석에서 파란 공책을 앞에 두고 카페 라테를 마시고 있는 허름한 남자를 만나거들랑, 생 미셸 광장이나 팡테옹 뒷골목 술집에서 맥주잔을 기울이며 혼자 멍하니 앉아 있는 젊은 이를 만나거들랑 따뜻한 눈짓이라도 한번 나눌 일이다. 혹여라도 운이 좋아 파리에 길게 머물게 되고 외곽에 값싼 아파트 한 칸이라도 빌려 사는 행운을 얻게 된다면 옆집에 세 들어 사는 가난한 이웃과 한 끼 식사라도 나눌 일이다.

어쩌면 그들 중 하나는 자신의 인생에 크나큰 변곡점이 될 만한 그 섬광과도 같은 시기와 공간을 이곳 파리에서 지나고 있는지 모를 일이다. 혹시 아는가. 미래의 멋진 화가나 이름난 음악가나 세기에 남을 사상가가 있을는지. 이들 중 누군가는 매일 밤 새벽 한 시면 차가운 6층 다락방에서 심연의 고독과 절망을 끌어내어 매혹적인 몇 개의 문장을 쓰고 있을지 모를 일이다. 글쎄 어쩌면 매력적인 몇 가닥의 선율을 만들어 내고 있을는지도….

PAR AVION

PARIS-VII
14 JUIL 67

SOUVENIR DU SOMMET DE LA TOUR EIFFEL

PARIS

3부. 도시와 역사

PARIS (2e.) .–

파리의 숫자, 이국적인 기호들

1

여행지에서 만나는 낯선 기호들은 우리를 들뜨게 한다. 때론 설렘으로, 때론 불안함으로, 때론 안도감으로. 여행 중 우리는 아름다운 풍경이나 색다른 음식, 멋진 건축물과 예술 작품 따위에 감동한다. 하지만 그보다, 어느 곳이 되었든 그곳에서만 만날 수 있는 작은 기호들이 주는 감동은 오래도록 매우 사적인 경험과 추억으로 기억되곤 한다.

20년 전 처음 파리에 와서 미로 같은 지하철을 타고 어리둥절 헤매고 다닐 때 그 땅 밑에서 가장 반가운 글자는 'Sortie'였다. '출구'라는 말이 그렇게 따뜻한 말인지, 그것을 문자로 표기한 'S, o, r, t, i, e'라는 기호의 배열이 그렇게 매력적인 조합일 수 있는지, 심지어 평소에 별로 좋아하지도 않는 파란색이 하얀색 글자들과 어울릴 때 배경 색으로 그렇게 미더울 수 있는지 그 전엔 몰랐었다. 어디가 되었든 낯선 역에 내릴 때면 제일 먼저 'Sortie'를 찾고 엄마 거위 따라가는 아기 거위처럼 무작정 그것을 찾아 따라 나오곤 했다.

이번에도 'Sortie'는 여전히 반가웠지만 물론 그때만큼은 아니었다. 파란색 표지판 위의 'Sortie'라는 글자를 보자마자 스무 해 전 어렸던 날이 바로 어제가 된 느낌이었다. 배낭 하나 달랑 메고 호기롭게 떠나오긴 했지만 멀고 먼 낯선 나라에서의 첫 여행에 두려움이 없었을 리 만무하다. 등에 짊어진 초보 배낭여행자의 가방은 한 달 치 생필품으로 무겁기만 한데, 열과 성을 다해 떠나온 몸과 마음은 그보다 열 배는 묵직했다. 늘 긴장 속에 헤매고 다니다 일단 '출구'를 찾고 나면 안심이 되곤 했던 그때 기억이 떠올라 혼자 실실 웃음을 흘리고 다녔다.

2

> "영국에서라면 노란색이 좀 옅을 것이고, 글자체는 노스탤지어를 불러일으키는 부드러운 쪽이었을 것이고, 외국 사람들이야 혼란을 느끼건 말건 외국어 표기는 하지 않을 것이고, 글자에 a가 이중으로 들어가지는 않을 것이다. 특히 이 a의 반복에서 나는 다른 역사, 다른 사고방식의 존재를 느끼며 혼란을 경험한다."

알랭 드 보통(Alain de Botton, 1969-)은 『여행의 기술』에서, 암스테르담 스히폴 공항 터미널의 천장에 걸려 있는 안내판을 소재로 '이국적'인 것에 대해 흥미로운 이야기를 펼친다. "플러그 소켓, 욕실의 수도꼭지, 잼을 담는 병, 공항의 안내판은 디자이너가 의도한 것보다 훨씬 더 많은 것을 이야기해" 준다는 것이다. 그러고는 "우리가 외국에서 이국적이라고 생각하는 것은 우리가 고향에서 갈망했으나 얻지 못한 것"일지도 모른다고 이야기한다.

건물 출입문이 밀어서 여는 유형이 아니고 앞으로 당겨야 열리도록 되어 있다든지, 호텔의 창문이 양쪽 옆으로 미는 미닫이 형식이 아니라 유리문의 아래쪽을 밖으로 밀어 열도록 되어 있는 형태라든지, 레버를 위로 올려야 내려 가는 욕실 변기라든지, 잡아당겨야 물이 그치는 샤워 손잡이라든지 여행지에서 만나는 이국적인 것이 어디 한둘이랴. 이러한 사소한 것들은 모두 다 디자인의 차이 너머에 그럴 수밖에 없는 어떤 필연적 원인이 있다는 것이다. 그리고 그것은 어쩌면 우리가 갈망해 왔으나 얻지 못했던 어떤 것과 관련이 있을 수도 있다는 것이다. 갈망의 문제는 차치하고, 예기치 못한 순간에 불현듯 마주치는 이런 소소한 낯선 장치들이, 뻔할 수도 있는 여행에 이국적인 정취를 더하는 것은 분명하다.

3

파리의 지명에 무심히 들어 있는 숫자들은 파리 사람이 아닌 이에겐 퍽이나 이국적이라서 자꾸만 입으로 말하거나 글자로 쓰고 싶게 만든다. '파리 8구에서 만난 까만 스웨터의 그 남자'랄지, '파리7대학 카페에서 마신 에스프레소'라든지, '메트로 6과 12가 만나는 역에서 기타를 연주하던 그 악사'라든지 하는 식이다. 거리를 걷다 길모퉁이에서 'Se Arrt'라고 쓰인 표지판을 만난다거나, 지하철 개찰구에서 작은 동그라미 속에 쓰인 'M13'을 마주칠 때면 문득문득 '아, 맞아! 내가 지금 파리에 있는 거잖아!' 생각하며 새삼 설렘을 느끼기도 한다.

심지어 파리의 주소 체계를 알고 난 뒤엔, 서울에서 예약한 파리의 호텔 주소 끝에 '75014'라고 붙어 있는 우편번호를 보면서, '75'에서 이미 에펠탑과 센 강을 떠올리고, 끝자리 '14'를 보면서, '흠, 호텔이 14구에 있단 말이지'라는 생각을 떠올리게 된다. 이쯤 되면 이미 마음은 바다 건너 저

멀리 센 강의 좌안, 파리 남쪽 14구 골목길 어디쯤으로 날아가 버리고, 머릿속엔 하루 종일 에디트 피아프(Edith Piaf, 1915-1963)나 이브 몽탕(Yves Montand, 1921-1991)의 샹송이 맴돌아 일하는 내내 흥얼거리게 된다. 어느새 파리의 차가운 가을 밤공기가 코끝에 와 닿는 느낌이 들고 감당할 수 없는 그리움에 젖어들게 되어도 어쩔 수 없는 노릇이다.

건물의 층수를 표기하는 방법도 '이국적'이다. 지상층을 1층으로 시작해 한 층 올라가면 2층, 3층 등으로 이어지는 우리와 달리, 이 사람들은 지상층은 0층이고, 한 개 층만큼 올라가면 그때부터 1층, 2층, 3층으로 이어지는 식이다. 엘리베이터에 올라타 어색하고 지루한 시간을 때우며 버튼 옆에 층수를 표기한 숫자를 보고 있자면, 인간의 사고가 언어를 결정하는가, 언어가 세계관을 결정하는가 해묵은 주제가 절로 떠오른다.

4

파리는 20개의 구로 이루어져 있다. 이 '구'를 '아롱디스망(Arrondissement)'이라 한다. 파리를 걷다 보면 도로 표지판 맨 위에 '5e Arrt' 등의 숫자와 글자가 쓰여 있는 걸 볼 수 있는데 이때 'Arrt'가 바로 이 '구'의 약자다. 즉, '5e Arrt'는 '5구'라는 뜻이다. 파리 시 한가운데 시테 섬의 일부를 포함해 센 강변 북쪽 부분, 루브르 박물관과 튈르리 공원 등을 포함하는 1구에서 출발해 마치 달팽이집 모양으로 오른쪽으로 뱅글뱅글 돌며 파리 2구, 3구, 4구, 5구 등으로 이어진다.

골목 입구 건물의 모퉁이마다 이 구의 번호와 도로의 이름이 붙어 있어 여행자도 위치를 짐작하기 편리하다. 하지만 문제는, 파리의 골목은 깍두기를 썰어 늘어놓은 네모난 모양이 아니라, 피자 조각처럼 건물의 각진

부분이 골목 입구를 차지하고 그것들이 방사형으로 이어진 모양새라는 점이다. 어떤 골목이든 그 끝에서는 반드시 두 갈래의 다른 골목길을 만나게 되어 있는데, 이때 선택이 그릇되면 하염없이 목적지와 멀어질 수밖에 없는 야속한 구조다.

헤밍웨이의 집을 찾아 헤매던 어느 날 밤, 카디날 르무완 거리에서 지나가던 여인을 붙들고 지하철역을 물었다. 파리에 머무른 동안은 매일매일 길 묻고 길 찾기가 주요 일정 중 하나였던지라 새삼스러울 건 없었는데, 이 여인의 답이 걸작이다.

"파리의 길들은 꽤 트리키하죠? 직선이 마구 엉켜서 내가 가고 있는 길을 정확히 알 수도 없고 예측하기도 어렵고. 아무튼 지금은 조기 앞에 난 길로 쭉 가세요. 가다 보면 첫 번째 교차로에서 큰길을 만날 거예요. 거기에서 오른쪽으로 조금만 돌면 돼요. 아마 그때쯤이면 작은 정원을 코너에서 만나게 될 텐데, 그 정원을 끼고 돌면 바로 메트로가 나올 거예요. 그게 여기서 제일 가까운 메트로랍니다. 행운을 빌어요!"

나만 이렇게 헤매고 있는 게 아니구나! 여인의 명랑한 목소리가 얼마나 기뻤는지 모른다. 이 친구의 행운이 힘을 발휘했는지 그날은 헤매지 않고 곧장 호텔에 도착할 수 있었다.

5

숫자 이야기가 나와 말인데, 파리 지명에 오죽 숫자가 많았으면, 퐁네프 (Pont Neuf)도 으레 '아홉 번째 다리'라고 잘못 해석되곤 한다. 프랑스어로 '퐁(pont)'은 '다리'라는 뜻이고 '네프(neuf)'가 '아홉 번째'와 '새로운'이라는 의미를 갖고 있기 때문인데, 퐁네프는 사실 '아홉 번째 다리 (ninth bridge)'가 아니라 '새로운 다리(new bridge)'라는 뜻이다.

줄리에트 비노쉬의 광기 어린 연기로 우리 기억에 진하게 남아 있는 영화 「퐁네프의 연인들」(1991). 영화 속 퐁네프는 레오 카락스 감독이 촬영을 위해 따로 만든 세트장이었다지만, 실제 다리는 1578년 앙리 4세 때 지어진 것이다. 당시 센 강 위에는 다리가 두 개뿐이어서 교통체증이 심했고 이를 해결하기 위해 세 번째로 놓게 된 다리가 퐁네프란다.

당시에는 강을 가로지르는 다리의 양편에 벽처럼 집이 세워져 있는 구조가 일반적이었다. 이에 비해, 퐁네프는 지금의 흔한 다리들처럼 양편에 건물이 없이 센 강을 시원하게 바라다볼 수 있는 구조로 지어졌다. 당시로선 새로운 양식이었기 때문에 '새로운 다리'라는 이름이 붙여진 것이다. 재미난 것은 이 '새로운 다리'가 파리 센 강 위에 있는, 현재 남아 있는 다리 중 가장 오래된 다리라는 사실. 모든 오래된 것은 한때 새로운 것이었으니!

센 강과 시테 섬, 파리의 기원

1

파리를 가르는 센 강 한가운데에는 '시테(Cite)'라는 아주 작은 섬이 있다. 센 강을 기준으로 강의 남쪽을 좌안(左岸, rive gauche)이라 하고, 북쪽을 우안(右岸, rive droite)이라 하는데, 이 세 지역은 각기 독특한 특색을 지니고 있다. 우리에겐『노트르담의 꼽추』로 더 익숙한『노트르담 드 파리』에서 빅토르 위고는 파리의 이 독특한 도시 구조를 몇 페이지에 걸쳐 상세히 설명하고 있다.

> "파리는, 누구나 알다시피, 하나의 요람과 같은 꼴을 하고 있는 시테라는 옛 섬 안에서 태어났다.(…) 15세기까지도 아직 파리는 제각기 다른 모습과 특수성, 풍속, 습관, 특권, 그리고 역사를 지닌 서로 판이하게 구별되는 세 개의 도시, 즉 시테와 대학과 장안으로 나뉘어 있었다. 시테는 섬을 차지하고 있었는데, 가장 작고 가장 오랜 역사를 가지고 있어 다른 두 도시의 어머니 격으로, 이런 비유가 허용된다면, 마치 두 명의 아름다운 큰 딸 사이에 끼인 조그만 노파처럼, 두 도시 사이에 꼭 끼여 있었다."

빅토르 위고가 말하는 '대학'은 센 강의 좌안, '장안'은 센 강의 북쪽 우안을 뜻한다. 그가 묘사하는 바에 따르면, 시테에는 노트르담 대성당을 비롯해 성당이 많았고, 장안에는 루브르 궁과 시청을 비롯해 저택이 많았으

Histoire de Paris
La Sorbonne

En 1254 Robert de Sorbon, chapelain de saint Louis, fonde rue Coupe-Gueule un collège destiné non seulement à l'enseignement de la théologie, mais aussi à l'hébergement et l'entretien des "pauvres maîtres et escholiers". L'établissement croît, en taille et en prestige, jusqu'à la fin du Moyen Age. De sa reconstruction sous Richelieu, seule subsiste la chapelle, œuvre de Lemercier (1635-1642) qui abrite le mausolée exécuté par Girardon en 1694. Fermée sous la Révolution, transformée en ateliers d'artistes sous l'Empire, elle devient

en 1822 le siège du Rectorat et des facultés des Lettres et des Sciences. Entièrement reprise de 1883 à 1901 sur les plans de l'architecte Nénot, la "Nouvelle Sorbonne" a conservé son décor de fresques et statues allégoriques.

며, 대학에는 소르본을 비롯한 학교가 많았다. 자연스레 시테 섬은 주교의 소관, 센 강 우안은 행정 장관의 소관, 좌안은 대학 총장의 소관이었다. 이 세 지역은 각각 특수한 성격을 지닌 독립된 부분이면서도, 전체가 어우러져야만 비로소 완성되는 하나의 도시이기도 했다.

2

파리의 역사는 위고 말처럼 시테 섬에서 시작된다. 시테 섬 일대를 이르는 파리의 고대 지명은 '루테티아(Lutetia)'였다. 라틴어로 '진흙'을 뜻하는데 이 지역이 습지대였음을 의미한다. 원래 시테 섬 일대에 정착해 살던 부족은 켈트 족의 하나인 파리시이(Parisii) 부족이었다. 이들은 센 강변에 작은 촌락을 이루고 있었으며, 작은 배를 타고 물고기를 잡아 생활했다. 파리 곳곳의 유적지 안내 표지판들이 배의 노를 세워 놓은 모양을 하고 있는 것은 이러한 연유에서다.

기원전 51년 갈리아 전쟁에서 승리한 로마는 파리시이 족이 살던 시테 섬 일대에 도시를 건립한다. 파리가 본격적인 수도로 발전하게 된 것은 그로부터 천 년도 넘는 세월이 흐른 뒤다. 3백여 년 지속된 이 카페 왕조(987-1328) 시기에 파리에는 거대한 성곽과 요새가 세워지고, 수많은 성당과 수도원, 대학이 설립되었으며, 중세 도시의 면모를 갖추면서 유럽 신학과 학문의 중심지로 발전하게 된다. 노트르담 대성당도 이때 건조된 것이다.

이후 영국과의 백년전쟁, 16세기 종교전쟁의 격동기를 거쳐 앙리 4세(Henri IV, 1553-1610)에 의해 부르봉 왕조가 세워진다. 프랑스 대혁명으로 무너지기까지 200년도 넘게 지속된 부르봉 왕조 시기에 프랑스는 왕권이 강화되고, 파리는 수도로서의 위상이 높아지고 확장된다. 특히 루이 14세(Louis XIV, 1638-1715)의 베르사유 궁전(Château de Versailles)은 절대왕정의 정점과 몰락의 전조를 보여 준다.

1789년 7월 14일 분노한 시민들의 습격으로 혈흔이 낭자했을 바스티유(Bastille) 감옥, 마리 앙투아네트(Josèphe Jeanne Marie Antoinette, 1755-1793)가 화려했던 생을 마감하며 공포의 마지막 밤을 보냈다는 콩시에르쥬리(La Conciergerie), 왕의 목을 자른 국민의 혈기가 가득한 콩코르드 광장(Place de la Concorde). 도시 곳곳에 남아 있는 프랑스 대혁명의 흔적은 파리를 혁명의 도시라 불리게 하는 상징이자, 한 치 앞을 알 수 없는 어리석은 인간의 안타깝고 허망한 삶의 끝을 보여 주는 쓸쓸한 공간이기도 하다.

그 후로도 근 100년에 가까운 세월을 프랑스는 수많은 민중봉기와 혁명을 겪고, 공화정과 왕정과 제정을 넘나들며 혼란의 시대를 지나게 된다. 끊임없이 바리케이드를 쌓았다 부숴 가는 사이 파리는 부서지고 다시 일어서기를 반복한다.

3

그날은 시테 섬 일대와 센 강변을 거닐었다. 노트르담 성당에선 마침 미사가 진행 중이었다. 성당 안을 가득 채우며 울려 퍼지는 아름다운 그레고리안 성가를 듣고 있자니 가슴이 절로 벅차오른다. 천 년의 세월을 같은 자리에서 인간이 만들어 가는 역사를 지켜본 성당이 아닌가. 알 수 없

는 자신의 운명과 불안한 삶을 위해 얼마나 많은 이들이 이곳에 와서 무
릎을 꿇었을까.

문득, 200여 년 전 이곳에서 거행되었던 나폴레옹(Napoléon Bonaparte,
1769-1821)의 황제 대관식 장면이 떠오른다. 루브르와 베르사유에 남아
있는, 다비드(Jacques-Louis David, 1748-1825)의 대작으로 기억되는 그 장
면. 스스로 자신의 머리 위에 황제의 관을 올리고, 아내 조세핀에게 황후
의 관을 씌우던 그 호기롭고도 도발적인 그 장면. 이 넓은 공간을 가득 채
웠을 인파를 상상해 본다. 천하를 호령하고 신조차 두려워하지 않았던 그
도 십 년 후엔 그렇게 맥없이 무너지고 역사의 뒤안길로 사라져 버려야
했으니 인간의 삶이란 얼마나 여리고 부서지기 쉬운 것인가.

센 강 좌안으로 걸어 내려가니 맥주를 마시며 노래를 하고 있는 일단의

젊은이들이 보인다. 자유와 낭만이 도시를 채운다. 생 루이 섬 골목골목의 저택들을 좀 더 둘러보다가 퐁네프까지 걸었다. 낙엽이 미친 듯이 떨어져 뒤덮고 있는 거리를 걷다 보니, 화려한 불빛이 눈에 부신 파리 시청이 저만치 보인다. 시청사의 과한 아름다움에 취해 한동안 멍하니 서 있었다. 이런 도시의 이런 공간, 저런 시청에서 하는 일이라면 산더미 같은 서류에 하루 종일 도장 찍는, 지루하기 짝이 없는 일이라도 견딜 만하겠다 싶은 생각이 잠시 든다.

강 건너편에 콩시에르쥬리가 보인다. 세월이 지났어도 여전히 스산하다. 저 육중하고 캄캄한 방을 거쳐 단두대의 이슬로 사라진 그 많은 이는 이 도시의 마지막 밤을 어떻게 견뎌 냈을까. 지금 이 도시는 어떤 시간을 지나고 있는 것일까. 당장 내일 일도 알 수 없으면서 마치 세상의 주인이라도 되는 듯 우쭐해하는한심한 인간들을 토닥이며 센 강은 오늘도 말없이 흐른다. 에펠탑은 저만치서 레이저를 쏘아 대고, 도시는 오늘도 어제처럼 출렁인다.

베르사유 가는 길, 앤티크 숍

1

베르사유로 가는 길은 여러 방법이 있는데 사람들은 주로 레르(R.E.R) 쎄
(C)를 추천한다. 지하철 노선표를 찾아보니 레르 쎄가 만나는 역까지 가
려면 한참을 올라가야 하기에 그냥 몽파르나스 역에서 트랑질리앙이라
는 외곽으로 빠지는 기차를 타기로 한다. 15분을 달려 베르사유 샹티에
역에 내린 후 25분 정도를 걸어야 한다. 다른 방법에 비해 도보 시간이 긴
것이 흠이지만 그 정도는 거뜬하다. 걷는 건 이미 파리 여행 내내 너무나
익숙한 일이고, 파리는 걸어야 제대로 음미할 수 있기 때문이다.

몽파르나스 역은 메트로 외에도 교외로 나가는 기차들의 출발과 도착지
라 분주하기가 말할 수 없다. 표를 사려고 매표소에 물으니 자동판매기를
이용하란다. 주머니 속 묵직한 동전들을 쓰면 좋겠기에 물었더니 지하 2
층까지 내려가라는 답변이 돌아온다. 에잇, 그냥 자판기로 사야겠다.

낯선 기계를 이리저리 눌러 본다. 불어를 영어로 바꾸고, 행선지를 누르
고, 편도인지 왕복인지를 선택하고, 그 밖에 또 몇 가지를 이리저리 더 누
르고 나니, 왕복을 위한 티켓 2장이 나온다. 3.4유로다. 왕복 7유로가량.
생각해 보면 달랑 15분 타고 가는 기차 요금으로는 비싼 듯도 하지만 마
리 앙투아네트가 매일 파티를 열었던, 호화롭기로 이름난 그 유명한 궁전

엘 실어다 줄 차비치고는 만만한 수준이라 흠칫 놀랐다. 그러곤 이내 배시시 혼자 웃는다. 지금이 어느 시대인데 한심하기는.

2

기차는 2층으로 되어 있다. 낯설고 재미있다. 해리 포터를 호그와트 마법학교에 데려다준 기차처럼, 이 기차는 그 옛날 루이 14세가 천하를 호령하던 17세기 한복판으로 우리를 실어다 주지는 않을까. 2층으로 올라가 적당히 자리를 잡는다. 중년의 흑인 부부와 어린아이 둘, 젊은 무슬림 부부, 은발의 노신사가 입구 쪽 좌석을 차지하고 있고, 고등학생쯤으로 보이는 여학생 셋이 나란히 앉아 연신 종알거리고 있다. 영화 「비포 선라이즈」(1995)의 셀린느 같은 금발 아가씨 하나가 통로를 사이에 두고 내 옆 좌석에 자리를 잡는다. 배낭을 내려놓으며 잠시 눈인사를 나누고 각자 창밖으로 시선을 옮긴다.

평화로운 파리 교외 풍경이 눈에 들어온다. 낮은 건물과 주택의 붉은 지붕들이 철로 너머로 펼쳐져 있다. 파리가 북적이고 흥분이 가득한 축제의 덩어리라면 5분만 벗어나도 이렇게 교외에는 어쩌면 축제로 지친, 어쩌면 일상에 충실한 보통 사람들의 익숙한 공간이 펼쳐지는 것이다. 철로와 나란히 선 살구색 담장들 위에는 알록달록한 그라피티(graffiti)가 잔뜩 채워져 있다. 기차가 속력을 내고 달리기 시작하면 그림의 선과 색은 점점 뭉개지고 희미해지며 뒤로 뒤로 사라져 간다.

그라피티는 파리의 메트로에서도 흔한 풍경이다. 지하철이 지나는 터널 그 좁은 공간의 철로 옆 벽면이 온통 낙서 천지이다. 페인트 스프레이로 마구 흩뿌려 그려낸 것들이지만 이 정도면 낙서 수준이 아니라 예술의 경지다. 그런데 가만 보니 이것도 국적에 따른 특징이 있는 모양이다. 캐나다 몬트리올에서 흔히 만났던 그라피티는 추상화 같은 그림이 대부분이었던 것에 비해 지금 이곳 파리에서는 문자들을 입체적으로 변형한 도안이 더 자주 목격된다. 그러고 보니 제자 중에 타이포그래피를 공부하겠다고 파리에서 서울로 유학을 온 친구가 있다. 글자의 디자인에 대한 관심이 지대한 이 친구는 한글이야말로 글자 하나하나마다 표정을 담아 표현하기 가장 좋은 문자라며 틈만 나면 열변을 토하곤 한다. 이 친구의 열정에 종종 감탄하곤 했는데, 문자의 디자인에 대한 특별한 관심은 이 나라 젊은이들의 공통점이었던 것일까?

3

베르사유 샹티에 역에 도착했다. 역사가 공사 중이라 어수선하다. 천장과 벽면에 철제 골조가 다 드러나 있고 바닥의 시멘트도 벗겨져 흉물스럽다. 공사 때문이라기보다 애초에 낡은 상태 그대로인 것 같다. 파리의 허름한 곳은 서울의 어느 곳과도 비교가 안 될 만큼 정말 허름하다. 개찰구가 문제인지 티켓의 마그네틱 선에 문제가 생긴 건지 기차표가 작동을 하지 않는다. 안내 창구에 같은 이유로 줄 선 사람이 네댓 명이다. 안내원에게 처리를 부탁하고 역을 빠져나왔다.

역 앞의 교차로부터는 또 다른 분위기다. 영락없는 교외 소도시, 한적하고 고요하며 평화롭기 이를 데 없는 전원풍의 소도시 풍경이다. 데이트

중인 연인에게 베르사유 궁전으로 가려면 어느 길로 가야 하는지 물었다. 둘이서 다정하게 몇 마디 나누더니 누가 먼저랄 것도 없이 대답한다.

"지금 이 길 그대로 쭉 걸어가면 돼. 가다가 왼쪽으로 돌아서 보면 커다란 궁이 나타날 거야. 절대 길 잃을 염려 없으니 안심하고 그냥 쭉 가. 알았지?"

길이 붉은색으로 되어 있어서 찾기 좋을 거라는 팁까지 덧붙여 준다. 그런데 나중에 궁에 도착해 생각해 보니 도로의 색깔 따위는 신경 쓸 틈도 없이 시골길 풍경에 넋이 빠져 무엇에 홀린 듯이 그렇게 걸었다.

고작 테이블 몇 개 늘어놓은 작은 카페, 동전 넣고 돌리는 자동 세탁실, 옛날 책만 팔 것 같은 구석진 책방, 곧 문 닫을 것 같은 궁색한 신문사, 손님이 있을까 싶은 화장품 가게, 은은한 향기가 퍼져 나던 작은 꽃집. 이삼 층

정도의 낮은 건물들이 나란히 늘어선 풍경이 소박하고 정겹다. 무엇보다 길가에 끊임없이 이어지는 키 큰 가로수와 가을 색을 한껏 입은 단풍들, 떨어진 낙엽이 눈처럼 덮여 있는, 끝이 보이지 않는 넓은 길이 참 아름답다. 깊고 깊은 가을 한복판이다.

4

얼마나 걸었을까. 갑자기 앤티크 숍이 나타났다. 간판은 '앤티크 숍'이지만 동네 벼룩시장 분위기다. 건물과 건물로 둘러싸인 빈터를 쿠르(cour)라 하는데, 그곳에 커다란 책장과 진열장을 벽처럼 세워 두고 오래된 물건들을 늘어놓고 있다. 누렇게 색 바랜 책과 엽서와 신문지, 재킷이 너덜너덜한 레코드판, 낡은 카메라와 램프, 빛바랜 브로치와 목걸이, 커다란 진청색 구식 오븐, 꽃문양 천이 닳을 대로 닳은 안락의자, 심지어 이 빠진

접시와 찌그러진 주전자까지 없는 게 없다. 세월이 켜켜이 쌓인 자잘한 물건들이 뽀얗게 먼지를 뒤집어쓰고 속삭이고 있다.

"이리 와 봐요. 궁금하지 않나요? 내 이야기를 들려줄게요."

밀레의 그림과 인생에 대한 글이 담긴 1932년 화집을 발견했다. 8유로밖에 안 한다. 얼른 집어 들었다. 이것저것 만지작거리며 사진만 찍어 대는 동양 여인이 심기를 불편하게 했는지 힐끗힐끗 쳐다보는 표정에 냉기가 흐르던 늙은 주인은 내가 8유로를 내고 밀레 화집을 하나 사 들고 나니 더는 신경 쓰지 않는다.

파리가 가장 아름다웠다는 그 시절, '벨 에포크'라 불리던 그 시대의 화집이나 글, 신문, 잡지 들을 사고 싶었지만 찾아낼 수가 없었다. 잔뜩 녹이

슬어 백 년쯤 되어 보이는 하늘색 재봉틀에도 계속 눈이 갔지만 들고 갈 재간이 없어 두고 나와야 했다. 아쉽다.

가게를 나와 좀 더 걸으니 마침내 궁전이 저 멀리 보인다. 눈에 보이는 풍경의 저쪽 끝에 저기 멀리 지평선을 가르며 어렴풋이 빛나는 황금빛 성. 아직 궁까지는 한참을 더 걸어야 하는데 마음은 이미 베르사유를 다 본 느낌이다. 궁에 이르는 이 길을 걷는 것만으로도 이렇게 많은 이야기를 전해 들은 기분인데 황금빛 저 궁전 안에선 대체 어떤 이야기들을 만나게 될까.

절대왕권을 향한 끝없는 욕망, 베르사유 궁전

1

영화를 만든다면 여섯 살짜리 귀여운 꼬마가 사냥을 처음 배우고 아버지와 함께 들과 숲을 헤매며 말을 타고 달리는 장면부터 시작해도 좋을 것이다. '1607년, 파리 남서쪽 20km, 베르사유'라는 자막이 한 줄 올라와 주면 더없이 좋겠다. 하늘은 높고 들판은 푸르르며 꼬마의 머리칼과 맑은 얼굴에는 눈부신 햇살이 와 닿을 것이다.

그리고 이내 화면이 오버랩되며 이제는 성인이 된 왕이 부하들을 이끌고 말을 타며 예의 그 들판을 바라다보는 장면이 이어진다. '1623년, 베르사유'라는 자막이 다시 올라오면 되겠다. 프랑스 부르봉 왕조 앙리 4세의 아들 루이 13세(Louis XIII, 1601-1643)의 이야기다. 어린 시절 추억을 따뜻하게 간직하고 있던 왕은 1623년 아버지와 사냥을 즐기던 베르사유 일대를 사들인다. 파란만장한 역사의 시작이다.

비록 베르사유의 광활한 땅을 사들인 루이 13세의 이야기부터 영화는 시작하지만 흥미진진한 이 이야기의 주인공은 실은 그의 아들이다. 1643년 아버지의 갑작스러운 죽음으로 다섯 살 어린 나이에 왕위에 올라 일흔일곱에 세상을 떠날 때까지 72년이나 왕좌에 앉아 막강한 절대 권력을 휘두르며 그것이 영원하기를 탐했던 왕, 스스로를 '태양왕'이라 칭했던 루이

14세의 이야기다.

2

급작스레 왕위에 오른 다섯 살 어린 왕을 대신해 실제 국정을 운영한 이는 당시 재상이었던 마자랭(Jules Mazarin, 1602-1661)과 죽은 왕의 부인이자 루이 14세의 어머니인 스페인 출신 왕비 안 도트리슈(Anne d'Autriche, 1601-1666)였다. 섭정이 시작된 것이다. 프랑스와 스페인의 오랜 적대감으로 왕과 왕비의 관계는 돈독하지 않았던 데 반해, 성직자 신분이기도 했던 이탈리아 출신 마자랭은 스페인 출신 왕비의 상담자 역할을 하며 오랜 시간 가까운 사이였다. 심지어 결혼 20여 년 만이던 1638년, 루이 14세가 태어났을 때는 사람들 사이에서 아이의 아버지가 마자랭일 것이라는 소문이 떠돌 지경이었다.

아버지를 잃은 것도 슬픈 일인데, 궁정파에 대한 귀족 세력의 반란인 '프롱드의 난(La Fronde, 1648-1653)'까지 겪으며 죽을 고비를 가까스로 넘긴 루이 14세는 성장해 가면서 귀족에 대한 반감과 불안감이 커질 수밖에 없었다. 게다가 절대 저물지 않을 것 같았던 마자랭의 시대가 끝나고 왕의 고민은 더욱 깊어진다. 마자랭이 숨겨 두었던 재산이 어마어마하다는 사실이 그의 죽음 뒤에 밝혀진 것이다. 당시 스물두 살이었던 루이 14세는 그동안 자신이 이름만 왕이었음을 깨닫고 분노하며 친정을 선포한다. 국왕의 사냥 별장 수준이었던 베르사유가 절대왕권의 요지로 변신하게 된 직접적인 계기인 셈이다.

반역에 대한 두려움으로 자신의 아들조차 믿지 못했던 루이 14세는 귀족들을 직접 감시하고 제어할 수 있는 공간으로 모아들이길 원했다. 마자랭이 죽은 1661년 이후로 수십 년간 베르사유의 증축과 확장이 진행된다. 채 공사가 끝나기도 전인 1682년, 맘이 급했던 왕은 아예 왕실을 베르사유로 옮기고 행정 수도를 이전한다. 자연스레 파리의 귀족들은 왕궁 근처로 모여들고 도시가 형성된다. 매일매일 빼곡한 왕실 행사를 공개해 귀족들의 참여를 의무화한 것도 그들의 세력을 통제하고 절대왕권을 유지하기 위한 묘안이었던 셈이다. 태양왕 루이 14세는 1715년 생을 마감할 때까지 줄곧 이곳, 베르사유에 머무르며 절대왕정의 가장 찬란했던 한 시대를 풍미했다.

3

어쩌면 파란만장한 이 이야기의 진짜 주인공은 그가 심혈을 기울여 건조한 궁전, 왕보다 더 오래 남아 영욕의 역사를 누린 그의 성이 될 수도 있겠다. 어린 세자의 유년기 추억이 서린 드넓은 들판, 당대 최고의 건축가와 궁정 화가, 조경 전문가가 총동원되고 몇 차례의 증축과 확장을 거치며 50년이나 걸려 공들여 완성된 왕실 궁전. 베르사유 궁전 말이다.

1789년 대혁명으로 막을 내릴 때까지 백여 년간 찬란했던 절대왕정의 중심지로 유럽 모든 왕의 선망의 대상이었던 곳, 정략결혼으로 모국을 떠나와 사치와 향락으로 가득한 짧은 생을 살고 혁명의 소용돌이 속에 사라져 간 비련의 주인공 마리 앙투아네트와 루이 16세의 호화로운 연회장으로 기억되는 곳, 먼 훗날 파리 코뮌을 무력으로 제압한 제2제정의 본거지가

되기도 한 그곳.

궁전은 아직 저만치 멀리 있는데, 출입문과 철제 담벼락, 황금빛 화려한 외관에 벌써부터 압도되어 정신을 못 차리고 이리저리 몸을 돌려 사진기를 눌러 댄다. 광장 입구에는 루이 14세 청동 기마상이 서 있다. 72년이나 왕좌에 앉아 절대 권력을 휘두르던 이 왕은 300여 년이 흐른 지금 세계 곳곳에서 몰려와 자신의 궁전 앞마당을 가득 채운 이들을 내려다보며 무슨 생각을 하고 있을까.

크고 넓은 돌바닥으로 이루어진 드넓은 광장을 가로질러 한참을 걸어 들어가 궁전이 가까워지면 왕의 연대 사열식이 행해지던, 대리석으로 된 또 다른 광장이 나온다. 궁전 입구와 매표소가 그제야 모습을 드러낸다. 안으로 들어가니 의자며 테이블 등 대기실의 실내 장식마저 그럴듯한 앤티크풍 인테리어로 꾸며져 있다. 앞으로 둘러보게 될 궁전의 내부가 어떤 분위기일지 일찌감치 짐작할 수 있다. 궁전만 보는 건 15유로, 마리 앙투아네트 영지는 10유로, 나폴레옹이 집무실로 썼다는 그랑 트리아농 (Grand Trianon)도 10유로로, 세 군데를 다 보는 건 18유로다. 시간이 충분치 않을 것 같아 궁전만 관람하는 15유로 티켓을 끊었다. 딴에는 현명한 선택이라고 자부했지만 나중에 크게 후회를 하고야 말았다.

궁전에 들어서니 바로 앞에 예쁜 부티크가 보인다. 분홍색 일색인데도 조잡하지 않고 고급스럽다. 마치 초대받은 귀족들이나 드나들 법한 분위기다. 마리 앙투아네트가 그려진 작은 손 비누와 장식용 자석을 샀다. 레이스가 섬세하고 나뭇결이 부드러운 부채가 하도 예뻐 만지작거렸지만 끝내 놓고 나왔다. 1층 안내 데스크에서 오디오 가이드를 받아 들고 발길을 재촉한다. 종일 돌아도 다 못 본다는 곳인데 부지런히 움직여야 한다.

4

왕실 예배당에서 시작해 2층에 오르면 '아파르트망(Appartement)'이라 불리는 수십 개의 방을 지난다. 제일 먼저 만나게 되는 왕의 그랑 아파르트망은 일곱 개로 이루어져 있는데 각 방은 '헤라클레스, 아폴론, 머큐리, 비너스, 마르스' 등과 같이 태양계 행성의 이름이자 그리스 신화에 나오는 신들의 이름이 붙어 있다. 왕비의 그랑 아파르트망도 왕비의 침실, 도서관 등 여러 개의 방으로 구성되어 있다. 그 외 여러 개의 크고 작은 방들과 홀을 지나 화려함의 극치인 거울의 방을 본 후, 왕자들의 방 여러 개의 벽을 터서 만든 기다란 홀로 된 전쟁 갤러리까지 다 보고 나면 대강 둘러

본다 해도 한나절이 훌쩍 지나가 버린다.

천장부터 바닥까지 호화스러움의 극치를 보여 주는 이 모든 방의 디자인
은 궁정 화가 샤를 르브룅(Charles Le Brun, 1619-1690)의 작품이다. 천장화
와 주변의 장식들, 벽면을 장식한 부조와 수많은 조각, 기대한 거울과 유
리창, 수많은 촛대와 유리 공예 조각으로 장식된 커다란 샹들리에, 심지
어 방마다 다른 색으로 입혀진 화려하고 깊은 색감의 벽지까지, 그의 상
상력과 안목과 추진력에 감탄하지 않을 수 없다.

왕은 이곳에서 매일 아침 8시면 기상 예식을 하고 10시에 예배당에서 미
사를 본 후 11시에 대신들을 모아 놓고 국정 자문 회의를 주재했다. 오후
1시면 점심 식사를 하고, 식사 후엔 정원 산책이나 사냥을 즐겼으며, 오후
6시부터는 늘 파티를 열었다. 밤 10시면 만찬을 즐기고 11시 취침 예식
후 잠자리에 드는 이런 일과는 하루도 빠짐없이 지켜졌다. 이 모든 예식

을 위해 궁의 이 방 저 방을 종종걸음으로 이동하며 분주하게 시중을 드는 조신과 하인 들이 그날그날 일정의 특성에 따라 적게는 3천 명에서 많게는 1만 명에 이르렀다니 그 규모를 짐작할 만하다.

궁정 예식은 매우 엄격한 격식을 갖추고 진행되었는데 매일매일 치러지는 이 예식에서 왕을 누가 가장 가까이서 접견하고 동석하느냐에 초미의 관심이 집중되곤 했다. 귀족들은 사치스러운 왕에게 선택받기 위해 의복과 장식에 끊임없이 투자를 해야 했다. 이런 허례허식에 온통 정신을 쏟고 재정을 낭비하느라 나라 살림은 이미 뿌리부터 썩어 가고 있었다. 게다가 귀족과 성직자는 세금을 내지 않았으니 이 모든 비용은 가난한 농민과 도시 빈민에게서 거둬들인 세금으로 충당되고 있었다. 100여 년 후 발발한 프랑스 대혁명의 불씨는 이미 이때부터 지펴졌던 셈이다. 권력과 야욕과 사치와 허영에 눈먼 인간의 우매함은 얼마나 위험하며 그 끝은 어디인가.

저물어가는 것들, 베르사유의 석양

1

사람도, 사물도, 현상도, 언어도, 번들거리는 앞모습보다 낡고 지친 뒷모습에 더 신경이 쓰이고 마음이 간다. 그래서 멈칫거리기 일쑤다. 인간사 그 무엇도 보이는 그대로가 아니라는 생각에 늘 주저한다. 세상을 꿰뚫는 통찰력에 대한 갈망이 늘 나를 허기지게 하고 주눅 들게 한다. 정신이 어질할 정도로 화려한 베르사유에서 하필 궁전 뒤쪽의 낡은 풍경이 눈에 들어온 것도 그런 까닭이다. 페인트가 벗겨진 외벽, 녹슨 창틀과 색 바랜 벽돌⋯ 화려하고 거대한 궁전의 낡고 지친 뒷모습. 자그마치 2천3백 개나 되는 방과 홀에서 호화로운 연회와 영욕의 역사가 펼쳐지는 동안에도 저 뒤 구석에선 조금씩 지치고 낡아 가는 것들이 있었던 것이다.

2층 레스토랑의 아늑한 창가에 앉아 노을이 내려앉기 시작하는 창밖을 바라보고 있자니 만감이 교차한다. 차분하고 우아한 실내 장식, 감미로운 음악, 창문으로 스며드는 아직은 따뜻한 저녁 햇살, 간간이 들려오는 다른 테이블의 웃음소리, 그리고 자꾸만 신경이 쓰이는 궁전 뒷마당의 낡은 벽면.

2

실은 간단한 샌드위치로 요기만 할 생각이었다. 밖에 서 있는 메뉴판에는 분명 7-8유로 선에서 먹을 만한 메뉴들이 꽤 있었다. 그런데 안타깝게도 샌드위치가 동이 나서 클럽샌드위치만 가능하단다. '클럽샌드위치라면 20유로는 족히 넘어갈 텐데' 하며 일단 들어갔다. 아담한 분위기의 방이 몇 개 있는데, 그중 창가의 한 자리를 안내받아 앉았다.

테이블 사이를 미끄러지듯 움직이는 웨이터들이 하얀 악보 위 까만 음표들처럼 경쾌하다. 마치 스타카토 하나씩 머리에 단 것처럼 통통거린다. 주문을 받고 서빙을 하는 모습은 아무리 지켜봐도 좀처럼 지루해지지 않는다. 하얀 셔츠에 까만 조끼, 반짝반짝 빗어 넘긴 말쑥한 헤어스타일, 입꼬리에 걸려 있는 한결같은 미소, 노련하고 세련된 몸동작, 손바닥 끝에서 춤을 추는 반짝이는 은쟁반. 클럽샌드위치와 연어 요리를 주문했다. 와인도 메독(Medoc)으로 하나 골랐다.

"그래요, 메독은 언제나 옳아요. 잘 골랐어요!"

웨이터 칭찬에 금세 기분이 좋아졌다. 정답을 맞힌 아이가 선생님 칭찬에 즐거워하듯. 베르사유까지 왔으면 이 정도 만찬은 해 주는 게 맞는다는 생각이 덥석 들었다. 나중에 보니 '언제나 옳은 메독' 반병이 26유로나 했다. 그 덕에 79유로라는 거금으로 한 끼 식사를 하는, 계획에 없던 사치를 누려 버렸다. 기차역 앞 가게 가판에서 주문과 결제가 3분 만에 끝난 도시락을 호텔에 가져와 먹을때랑은 분명 다른 맛이었으니 어쩌겠는가.

마음 같아서는 밤늦도록 이 여유를 즐기고 싶었지만 서둘러 밖으로 나왔다. 궁전은 이미 관람 시간이 끝나 가고 이제 정원도 둘러봐야 하기 때문이다. 밖으로 나오니 그새 황금빛 분가루라도 뿌려 놓은 듯 오후의 햇살 아래 궁전이 빛나고 있었다.

3

베르사유는 궁전만큼이나, 아니 어쩌면 궁전보다도 정원에 더 감탄하게 된다. 마치 커다란 초록색 종이를 반을 접고 또 반을 접어 가위로 오려 낸 후 조심스레 펼쳐 모양을 만들고, 그것들을 다시 수십 장 이어 붙여 끝도 없이 널어 놓은 것처럼, 정원의 기하학적 문양은 완벽한 대칭을 이루고 있다. 어떤 이는 이렇게 자로 잰 듯 재단해 놓은 프랑스식 정원을 인위적이라고 비난하기도 하지만, 완벽한 대칭만큼 아름다운 것도 없다 하지 않는가.

이렇게 엄청난 규모의 정원을 이렇게 반듯하게 관리하려면 대체 얼마나 많은 사람이 매달려야 하는 걸까 걱정이 앞선다. 게다가 이제는 귀족이나 이웃 나라 귀빈이 아니라 수도 없이 많은 나라에서 셀 수 없이 많은 관광객이 들이닥치니, 이들을 위해 매일 꽃단장하고 서 있어야 하는 이 정원수들도 어지간히 피곤하겠다 싶다. 남의 나라 옛날 왕이 썼던 궁전 앞뜰에서 참 별걱정을 다 한다.

사실 베르사유 정원은 '정원'이라 부르기엔 영 불편하다. 지평선 끝까지 아득히 펼쳐진 들판, 거대한 미로 같은 작은 숲들, 도열한 장병들처럼 서 있는 키 큰 나무들, 잘 다듬어진 화단과 정원수들, 중간중간 자리한 크고 작은 연못과 분수들, 웬만한 박물관이나 미술관을 능가하는 수백 개의 조각상, 심지어 배가 떠다니는 운하까지 있으니 이건 도무지 '정원'이 아니다.

루이 14세는 왕의 절대 권력을 상징하는 거대한 규모의 정원을 원했고, 이 야심 찬 과업은 건축가이자 정원 설계사였던 앙드레 르 노트르(André Le Nôtre, 1613-1700)에게 맡겨졌다. 르 노트르는 왕의 뜻을 받들어 온갖 신화와 우화에 등장하는 신과 위대한 인물과 동물 들을 동원해 조각상들을 만들고, 수많은 폭포와 분수, 이국적 식물 들로 장식된 화려하고 질서 정연한 정원을 설계했던 것이다. 1662년 시작된 공사는 이후 30년간 지속된다.

루이 14세뿐 아니라 나폴레옹 1세와 샤를 드골 대통령도 좋아했다는 그랑 트리아농, 루이 15세가 자신의 애첩을 위해 지었으나 이후 루이 16세가 마리 앙투아네트에게 선사했다는 프티 트리아농(Petit Trianon), 왕비의

촌락 등까지 모두 둘러보려면 시간을 꽤 잡아야 한다. 정원을 둘러보는 방법으로 꼬마 기차와 자전거 외에도 직접 운전하며 돌 수 있는 전동차와 보트까지 있으니 짐작할 만하다.

4

어둠이 내려앉은 베르사유의 저녁 풍경은 너무나 아름다웠다. 정원 사이 사이 호수에 비친 나무들, 그 사이로 서 있는 이야기를 담은 크고 작은 조각상들… 사람은 떠나고 역사와 세월은 무수히 스쳐 갔지만, 수백 년간 이 자리를 지키고 있던 것들이 아니던가. 아름다운 풍경에 넋을 잃고 바라보았다. 한 세기가 넘도록 절대군주와 절대 권력의 상징이었던 곳, 한때 이곳에 머물렀을 수많은 사람을 상상하니 마음이 숙연해진다.

백 년 가까이 지속된 공사에 주검이 되어 쓰레기처럼 실려 나가야 했을 수천 명의 인부들, 허드렛일로 연명하며 궁전의 구석구석을 지켰을 가난한 사람들, 왕궁의 화려한 생활을 가까이 지켜보며 발을 동동거리고 돌아다녀야 했을 시종들, 왕에게 잘 보이기 위해 매일 밤 온갖 치장을 하고 파티에 들락거렸을 귀족들, 아첨하는 이들과 경쟁하는 이들 틈에서 무엇이 진실이고 무엇이 허상인지 늘 가늠해야 했을 왕과 왕비까지, 이들 모두 제각기 다른 인생을 살아야 했지만, 어쩌면 하나같이 자신의 운명 안에서 지독한 고독과 불안으로 괴로워했을지도 모르겠다.

인간의 사고와 가치관은 그가 살아온 환경과 시간과 사람들로 결정된다. 그것은 너무나 단단해서 심지어 자기 스스로도 허물고 새롭게 구축하기가 쉽지 않다. 정원 가운데 서 보자니 지평선 끝까지 풀과 물과 꽃과 나무만 가득하고 뒤로는 거대한 궁전이 세워져 있어, 이곳이 세상의 중심 같다. 여기에서 평생을 살아야 했던 사람이라면, 이곳을 세상의 전부로 알고 그리 살다 죽을 수밖에 없었겠다.

5

어둑해진 들판에 쓸쓸한 찬바람이 차곡차곡 차오른다. 모든 저물어 가는 것들은 가련하다. 정원 마당을 심란하게 서성인다. 시간이 한참 늦었는데 좀처럼 발길이 떼어지질 않는다. 아침에 지나온 그 길을 고스란히 다시

밟는다. 정원을 나와 멀리서 돌아보니, 밤이 되어 불 밝힌 궁전이 낮보다 신비롭다. 아침보다 발걸음이 무겁다. 자꾸만 돌아보게 되는 걸 어쩔 도리가 없다.

기차역으로 가는 길에 아침에는 없었던 할아버지 화가를 만났다. 파리 풍경을 담은 그림들을 늘어놓고 팔고 있다. 35유로란다. 에펠탑과 센 강이 그려진 유화를 한 점 샀다. 내일 몽마르트르를 갈 텐데 군이 여기서 살 필요가 있을까 싶기도 했지만, 선한 눈빛의 할아버지가 오래된 팔레트와 낡은 붓을 들고 캔버스 앞에 서 있는 모습을 그냥 지나칠 수 없었다.

베르사유 샹티에 역에서 올 때 탔던 기차를 다시 탔다. 한 손엔 아침에 궁전 가는 길에 앤티크 숍에서 산 팔십 년 전 밀레 화집이, 다른 한 손엔 방금 할아버지 화가가 그려 준 유화 한 점이 들려 있었다.

06

도시 미학의 아이러니, 오스만의 파리 개조 사업

1

> "요코하마(橫浜)에 도착되는 때부터 가옥은 나뭇간 같고, 길은 시구렁 같
> 고 사람들의 얼굴은 노랗고 등은 새우등 같이 꼬부라져 있다. 조선 오니
> 길에 먼지가 뒤집어 씌우는 것이 자못 불쾌하였고 송이버섯 같은 납작한
> 집 속에서 울려 나오는 다듬이 소리는 처량하였고 흰 옷을 입고 시름없이
> 걸어가는 사람은 불쌍하였다."

나혜석이 1년 8개월가량의 기나긴 구미 여행을 마치고 1929년 3월 12일
도착한 곳은 하필 부산 동래였다. 그나마 근대 도시의 외형을 어느 정도
갖추어 가던 경성이었다면 다시 마주한 고국 땅에 대한 소회가 이보다는
조금 나았으려나. 철저하게 계획되고 통일된 기하학적 조형미의 첨단이
라 할 파리의 도시 외관에 그새 익숙해져 버린 눈이다. 그 눈으로 다시 대
면한 고향의 '송이버섯 같은 납작한 집'과 '먼지를 잔뜩 뒤집어쓴 길'은
아마도 익숙한 낯설음이고 서글픈 반가움이었을 것이다.

식민지 지식인의 근대 체험, 동경 유학 후 마주한 조국 땅의 처량한 풍경
에 대한 서글픈 묘사는 이전에도 있었다. 다만 나혜석은 구미 여행이었
다. 유학 시절 선진 문물이라 감탄해 마지않던 일본의 풍경마저 '나뭇간
같은 가옥, 시구렁 같은 길'이라 느껴질 만큼, 서구의 도시 체험은 그를 변

화시킨 것이다.

> "파리는 에투알을 중심하고 별과 같이 길이 뻗쳐났다. 그리고 건물이 삼
> 각형으로 되어 자못 아름답다. 길모퉁이 집 벽에는 반드시 동리 지명이 써
> 있어 길 찾기는 '쉬우나' 누구나 한 발자국만 잘못 디디면 방향이 전혀
> 달라진다. 어디를 가든지 도로 좌우 편에는 병목(並木)이 있고 중앙은 차
> 마도(車馬道)로 목침 만큼한 나무로 모양 있게 깔고 좌우에 인도가 있고
> 거기에는 매 칸에 하나씩 수도가 있어 아침마다 물을 뽑아 길을 씻어내려
> 유리같이 되어 있다."

나혜석이 묘사한 당시 파리의 모습은 파리 지사였던 오스만 남작의 대대
적인 도시 재개발 사업의 결과물이다. 아직 중세 도시의 잔재가 그대로
남아 있던 파리를 전혀 새로운 모습의 근대 도시로 변모시킨 것이다. 공
과(功過)는 뒤로하고 아이디어와 추진력만큼은 가히 놀라울 지경이다. 오
죽하면 '오스만의 파리'라는 말까지 있을까. 파리를 통째로 들어내고 새
로 지었다 해도 과언이 아닐 만큼 방대하게 진행된 이 대규모 도시 정비
프로젝트는 1853년부터 1870년 사이에 추진되었으니, 나혜석이 파리에
체류했던 1920년대로부터는 약 반세기 전의 일이다.

2

19세기 중반 파리의 인구는 100만을 넘어서고 마차 통행량도 급증하게
된다. 철도와 기차가 출현하며 도시의 유동인구도 증가하고 도시가 팽창
하며 중심지도 새롭게 형성되기 시작한다. 터질 듯한 이 도시엔 아직 상

하수도 시설조차 마련되지 않아 위생 수준은 최하였으니 오물과 악취는 물론이고 콜레라 따위의 전염병이 창궐하는 것도 당연한 일이었다. 게다가 비뚤비뚤 뒤엉킨 비좁은 골목길은 당시 집정자 입장에선 여간 골칫거리가 아니었다. 폭도들은 툭하면 바리케이드를 치고 폭동을 일으킬 궁리를 하고 있는 데다, 주도자들의 집회 장소나 도피자들의 은신처로 삼기에도 딱 좋은 공간 구조였던 것이다.

나폴레옹의 몰락 이후 다시 격변기에 접어든 프랑스는 왕정복고와 1830년 7월 혁명을 겪고 1848년 2월 혁명으로 공화정을 세운다. 루이 나폴레옹은 백부였던 나폴레옹 1세에 대한 시민의 향수를 등에 업고 권력을 잡는다. 하지만 곧이어 1852년 쿠데타로 공화정을 무너뜨린 후 황제로 즉위한다.

나폴레옹 3세는 파리를 런던을 능가하는 도시로 만들고 싶었다. 이 도시를 뿌리부터 뒤엎고 새로 지어 올려야겠다고 다짐하기에 이른다. 자신의 권력을 과시하고 싶었다. 마치 루이 14세가 베르사유 궁전을 건조했던 것처럼 파리를 상징적인 견본 도시로 삼고 싶어 했다. 그리고 이 막중한 사업의 책임자로 당시 센 강 지역을 담당하던 파리 지사 오스만 남작을 지목한다.

파리가 유난히 인상적인 것은 도시 전체를 가득 채우고 있는, 청회색 아연 지붕과 베이지색 벽으로 이루어진 건물들 때문이다. 유사한 형태와 색상의 건물이 일정한 형식으로 줄 맞춰 서 있는 모습은 균형감을 주는 데다 높이마저 6-7층 정도로 통일되어 위협적이지 않다. 지붕과 벽면의 색

과 형태와 질감 등 건물 외관이 하나같이 비슷한 데다 창문과 발코니는 정교한 청동빛 철제 장식으로 둘러쳐 있다. 밤이면 은은한 가로등 불빛이 하나둘 켜지며 끝 모를 감상을 불러일으킨다.

개선문을 중심으로 방사형으로 확산해 가는 여러 개의 대로, 마치 베르사유 궁전까지도 단숨에 닿을 것처럼 시원스레 뻗은 넓은 도로, 그 길 양편에 늘어서 초록빛 물결을 이루고 있는 키 큰 가로수와 잘 정돈된 인도, 이제 그만 쉬고 싶다 싶을 무렵이면 어김없이 등장하는 작은 정원과 광장, 회색빛 도시에 산소를 공급하는 넓고 푸른 공원들, 청회색 아연 지붕과 베이지색 벽, 청동 발코니 장식이 조화로운 적당한 높이의 건물들과 가로등.

파리를 특별하게 하는 이 도시 풍경들은 실은 유서가 그리 깊지 않다. 대부분이 쿠데타로 세워진 제2제정기의 산물이다. 당시 시민과 지식인 들의 반대와 저항은 결사적이었다. 수십 년간 끊임없이 파헤쳐지고 헐어 내리는 공사판의 소음과 먼지와 피로를 견뎌 내며 도시 빈민과 시민 들은 깊은 우울을 경험해야 했다. 역사는 참으로 아이러니하다. 막대한 공사비를 들인 오스만의 대대적인 도시 정비 사업 이후로, 파리는 문화와 예술이 만개하는 벨 에포크 시대를 맞이한다. 이제는 해마다 8천만 명이 프랑스를 찾고, 그중 3천만 명이 파리로 몰려든다.

수많은 상점과 공연장, 전시관 등 상업적이고 예술적인 화려한 건물들은 유서 깊은 건물들과 도시 빈민을 모조리 몰아내고 그들의 궁벽한 삶의 터전을 죄다 헐어 버린 결과다. 드넓게 뻗어 나가는 시원스러운 도로는 이야기를 품고 있던 아기자기한 골목들을 부숴버린 결과며 더욱이 바리케이드를 치기 어렵도록 설계해 언제라도 일어날 수 있는 시민 혁명을 원천적으로 봉쇄하고 진압을 용이하게 하기 위함이었다. 아름다움으로 예찬되고 사랑과 낭만으로 기억되는 도시 파리는 정작 그렇게 형성되었다. 아이러니다.

07

사람은 떠나지만 에펠탑은 있잖아요

1

일본 영화를 봤다. 회색빛 파리, 벨빌 거리에 있는 주인공 여자의 작은 아파트, 아담한 집 안을 적당히 채우고 있는 소박한 세간살이들, 하얀 거실과 부엌의 알록달록한 소품들, 현관 옆 피아노와 집 앞 공터의 외로운 벤치. 나이 차가 족히 열 살은 되어 보이는 여자와 남자… 애교 가득한 목소리와 칭얼거리는 말투가 불편하기도 하고, 잡지 화보 같은 실내 풍경이 가벼워 보이기도 했지만, 일본 영화 특유의 잔잔함이 좋았다.

절제된 슬픔, 어색한 설렘, 익숙한 허무가 피아노 선율 속에 묻어 나온다. 배경음악으로 아련히 들려오는 피아노 소리는 여자가 오랫동안 묻어 둔 아픔처럼 느껴지기도 하고, 닿을락 말락 이어지는 여자와 남자의 조심스러운 감정처럼 느껴지기도 하고, 때론 그 모든 것에도 불구하고 무심하게 흘러가는 가벼운 일상처럼 느껴지기도 한다.

일본 영화를 자주 보는 편도 아닌데 여자 배우의 얼굴이 이상하게 낯익다. 알고 보니 나카야마 미호(中山美穂)라는 배우란다. 20년 전 야외 자동차 극장에서 본 영화, 「러브레터」(1995)의 마지막 장면, "오겡끼데스까!(お元気ですか)"로 기억되는 그 소녀. 우연히 다시 만난 스크린 속 여자 배우의 얼굴이 반갑기도 하고 어쩐지 아프기도 하다. 여전히 아름답고

지금 이 영화에는 딱 맞는 얼굴을 하고 있지만 감출 수 없는 세월의 흔적이 서글프다.

슬픔 담은 눈망울에 짧은 커트 머리를 하고 있던 소녀가 쓸쓸한 긴 머리 여인으로 돌아온 것이다. 죽은 연인을 잊지 못해 그리움과 원망을 담은 목소리로 허공을 향해 소리치던 하얀 눈 속의 아이. 그 사이 이 배우는 잘 알려진 소설가와 결혼을 하고 파리로 날아가 살았는데, 이제는 이혼을 하고 다시 연기 생활을 시작했다 한다. 이 영화 「새 구두를 사야 해」(2012)도 옛날의 그 영화 「러브레터」의 감독이었던 이와이 슌지(岩井俊二)가 제작해 함께 만든 것이라니 둘 사이 우정이 퍽이나 깊었던 모양이다.

20년 만에 다시 만난 일본 여자 배우가 그렇게 반가울 수가 없다. '20년 만에 다시 찾은 파리' 여행기를 쓰고 있는 이때에 마침 파리가 배경인 영화에서 다시 만나다니. 신기하다. 오래전 헤어진 옛 친구를 다시 만난 기분이다. 실은 언젠가부터 이상한 일이 생겼다. 함께 나이 들어 가는 배우들이 좋아진 것이다. 나와는 전혀 다른 세계를 살고 있지만 또래의 그들이 같은 시대를, 비슷한 여정을 걸으며 함께 나이 들어 가고 있다 생각하면 어쩐지 친근하게 느껴지곤 한다. 참 우습기도 하지.

삶에 지친 얼굴을 한 내 또래의 일본 여자 배우가 파리 센 강 위를 떠다니는 유람선 위에서, 만난 지 사흘밖에 안 된, 이제 곧 헤어질 연하의 남자에게 수줍은 듯 말한다.

"사람은 어디론가 가 버리지만 에펠탑은 언제나 그 자리에 있잖아요."

2

파리의 에펠탑은 너무 뻔하지만, 에펠탑을 뺀 파리는 상상할 수 없다. 파리에서 에펠탑을 찾는 일은 어렵지 않다. 어디를 가나 보이기 때문이다. 밤이면 더하다. 2만 개가 넘는 전구에 알록달록 불을 켜 두고 조명 쇼를 하는 데다 레이저 빔까지 쏘아 대니 파리에선 이 날렵하고 뾰족한 철제 첨탑을 외면하는 일이 더 어렵다. 에펠탑을 그리도 싫어했다는 소설가 기드 모파상(Guy de Maupassant, 1850-1893)의 일화도 있지 않은가. 그는 이 흉물스러운 시커먼 철골 덩어리가 눈에 띄지 않는 곳은 에펠탑 안에 있는 식당뿐이라며 매일 에펠탑 2층 레스토랑에서 식사를 했다 한다. 지금은 누구나 에펠탑에 열광을 하니, 모파상이 이 꼴을 안 보고 몽파르나스 묘지에 묻혀 있는 게 그나마 다행이다.

에펠탑은 프랑스 대혁명 100주년을 기념하기 위해 1889년 열린 만국박람회에 맞춰 세워졌다. 프랑스 정부는 만국박람회를 위해 300미터 이상 높이의 철제 탑 설계안을 공모했는데 백여 개의 공모작 중 만장일치로 당선된 것이 현재의 에펠탑이다. 건축가 구스타브 에펠(Gustave Eiffel, 1832-1923)은 정부 예산에 훨씬 웃도는 건축 비용을 자비로 부담하는 대신, 철탑에 자신의 이름을 붙일 것과, 완공 후 20년간 철탑에서 나오는 모든 수익금은 자신의 회사로 들어오는 것을 조건으로 계약서를 썼다.

에펠은 7개월간 이어진 만국박람회의 입장료만으로도 공사비에 가까운 수익금을 거둬들였고 이후 모든 건축 비용을 회수하고도 남았다 하니 안목이 대단한 투자가였던 모양이다. 게다가 공사 당시 수많은 사람의 반대와 비판 때문에 20년 후 철거를 전제로 건축되었지만 이후 송신탑이 추가되면서 에펠탑의 철거는 무산이 된다. 결국 에펠은 자신의 이름을 파리의 상징으로 길이길이 남기게 되었으니, 참 운도 끝내주는 건축가인 셈이다.

3

파리에 도착한 것은 가을도 저물어 가는 늦은 밤이었다. 항공기가 지연되는 바람에 공항에서 그냥 버려야 했던 한나절이 어찌나 아쉽던지, 호텔에 짐을 풀자마자 무작정 나왔다. 오후에 잡혀 있던 회의와 인터뷰 계획은 애초에 틀어져 버렸고 그 밤엔 딱히 할 수 있는 일도 없었다. 걷고 또 걸었다. 나도 모르게 에펠탑으로 향하고 있었다. 몽파르나스에서 에펠탑까지는 꽤 여러 블록을 지나야 하는 거리라 만만치 않았지만 스무 해 만에 파리에 던져진 나는 이미 제정신이 아니었다.

지도도 없이 몽파르나스 타워와 역과 호텔을 기준으로 동서남북 방향을 잡았다. 서쪽으로, 서쪽으로, 하염없이 걸었다. 중간중간 살짝살짝 북쪽으로, 아니 북쪽으로 짐작되는 곳으로 방향을 틀어 가며. 그렇게 걷다 보니 파리의 기억들이 새록새록 살아났다. 스무 해 전 파리에 도착한 첫 밤에도 이렇게 하염없이 걸었더랬다. 14kg 배낭을 짊어지고. 그러다 우연히 들어간 대학 기숙사의 로비에서 인도 여학생의 도움으로 하룻밤 신세를 졌던 기억이 새록새록 떠오른다. 그땐 참 무모하고 용감했더랬지.

하염없이 걷고 걸어 20년 만에 다시 에펠탑 아래 서게 되니 알 수 없는 감동이 울컥 올라온다. 그때는 탑에 올라 파리와 센 강을 내려다보며 감탄

하고 사진을 찍어 대기 바빴는데, 오늘은 사진도, 탑 위의 전망도 전혀 마음이 가지 않는다. 그저 저 자리에 에펠탑이 서 있고, 내가 여기 다시 왔다는 것이 감동일 뿐이다. 이 자리에 다시 서는 데 이렇게 오랜 세월이 필요할 거라고는 당시엔 짐작도 못 했다. 앞으로 또 다른 20년이 흘러야 다시 또 이 자리에 올 수 있을까.

돌아오는 길에 착한 버스 기사를 만났다. 차비도 받지 않고 호텔까지 태워다 준 덕에 차가운 밤바람을 피할 수 있었다. 주머니에 미처 현금을 챙겨 오지 못한, 추위와 피로에 지친 여행객은 그의 친절이 오래도록 고마웠다. 20년 전 첫 밤은 파리에서 유학 중인 인도 여학생의 도움으로 무사히 보낼 수 있었는데, 20년 지난 오늘 첫 밤은 파리의 버스 기사 덕에 따뜻하다. 스무 해 전 그 여학생은 지금 어디서 무엇을 하고 있을까. 파리의 버스 기사는 오늘도 에펠탑과 몽파르나스를 오가며 파리의 밤을 달리고 있겠지.

백 년의 기억, 파리 메트로 탐구

1

카르네(Carnet) 한 묶음을 샀다. 지하철과 버스로 어디든 갈 수 있다. 빳빳한 티켓 열 장과 알록달록한 파리 시내 노선표가 곱게 접혀 담겨진 빨간색 비닐 팩을 받아 들었다. 폼 난다. 뿌듯하다. 카르네는, 낱장에 1.75유로인 티켓 10장을 14.1유로에 사는 교통 패스다. 3유로 남짓, 우리 돈으로 4천 원쯤 절약하는 셈이다. 여행객은 숫자 앞에 긴장한다. 카르네 말고도 파리 비지트(Paris visite), 모빌리스(Mobilis), 나비고(Nabigo) 등이 더 있다. 체류 기간과 이동 경로에 따라 적당한 유형을 골라야 한다. 현명한 선택에 대한 압박감에 정작 중요한 시간을 버리는 일도 왕왕 벌어진다.

파리 시내 동남부 13구에 있는 파리7대학에 가는 길이다. 연초록색 6번 메트로로 베르시(Bercy) 역까지 열한 개 역을 가고 거기에서 14번 보라색 메트로로 갈아탄 뒤 두 개를 더 가면 된다. 역무원에게 물으니 베르시까지는 15분이 걸린단다. 오른쪽 계단으로 내려가라며 굳이 고개까지 내밀고 손짓을 해 댄다.

"저기 저 초록색을 타라는 거지?"
"응, 그래, 맞아. 행운을 빌어."

파리지앵 역무원의 행운을 등에 업고 발걸음도 경쾌하게 한 층을 내려갔다. 티켓을 개찰구에 넣으며 아주 잠깐 심장이 콩닥거린다. '제대로 산 거 맞겠지? 메트로 노선을 잘못 들어선 건 아닐까?' 고개를 들어 머리 위 안내판을 한 번 더 올려다본다. 동그란 원 안에 M 자와 연초록색 숫자 6을 확인한 순간 덜커덩 문이 열리고 내 몸은 이미 안쪽으로 옮겨져 있다.

2

메트로를 뺀 파리 이야기는 불가능하다. 서울 면적 6분의 1, 그 작은 도시 파리에 메트로 노선이 14개, 교외 전철이 5개다. 역과 역 사이가 하도 촘촘해서 기껏 지하철을 타고 내려 좁고 긴 통로를 오르락내리락 뚫고 나와 보니 허망하게도 이전 역이 바로 조기 옆에 보이는 경우도 있다. 런던은 1863년, 뉴욕은 1868년에 개통되었으니, 1900년 만국박람회에 맞춰 개통된 파리 메트로는 채 120년도 안 된 '새것'인 셈이다.

지하로 내려가면, 머리라도 닿을 것처럼 천장이 낮은 좁은 통로와 계단이 이리저리 얽혀 이어진다. 지하를 잇는 통로는 하도 음산해서, 어쩌다 혼자 걷게 된 길목에서 공포 영화 포스터라도 마주치는 날에는 등골이 오싹할 지경이다. 낡고 좁고 음산한 지하도를 지나 플랫폼으로 내려가면 아치형 터널이 나타난다. 천장까지 이어 붙인 새하얀 타일 벽은 방금 지나온 스산한 통로와는 안 어울리게 유난히 반짝거린다. 어두운 지하의 조도 확보와 청소, 전염병 예방 등 위생상의 문제 때문에 흰색 타일을 사용했다는데, 지금은 전염병도 조명도 걱정할 필요 없고 오히려 보수에 어려움이 있음에도 여전히 옛 디자인을 고수 중이다.

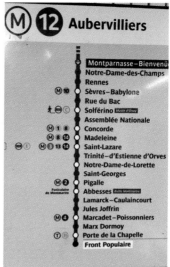

새하얀 타일 벽면 중간중간에는 커다란 파란색 네모 안에 역 이름이 쓰여 있다. 이 표지는 유난히 크기가 크다는 생각이 드는데 곧 그 이유를 알게 된다. 안내 방송에서 흘러나오는 목소리가 어찌나 근엄하고 우아한지, 게 다가 발음은 또 얼마나 현란한지, 미간에 잔뜩 주름을 잡고 집중해서 들 어야만 겨우 알아들을 만하다. 그러니 그 커다란 표지판에 그려져 있는 낯선 문자들이 반갑지 않을 수 없다. 가이드북이나 지하철 노선표에 적힌 표기와 비교해 보기에 안성맞춤이니 말이다.

14호선을 제외하면 차량도 우리 것보다 훨씬 좁고 낡은 느낌이다. 객실 이 좁은 까닭인지 문 옆에는 접이식 의자가 설치되어 있다. 등받이에 딱 붙게 접혀 세워져 있는 의자를 낮에는 내려서 앉으면 그만이지만, 사람이

많은 시간대에는 웬만한 배짱이 아니고는 앉아 있기 어렵다. 지하철의 출입문도 인상적이다. 정차할 때마다 알아서 열리는 자동문이 아니라 스테인리스 레버로 된 손잡이를 옆으로 힘차게 젖히거나 빨간색 버튼을 꾹 눌러야만 열리도록 되어 있다. 비상 상황에 탈출이라도 해야 하는 순간이라면 이 문을 제대로 열 수 있을까 불안하다.

냄새도 매연도 심한 지하를 달리면서 창문은 왜 늘 그렇게 열려 있는 걸까. 차량의 연결도 심란하다. 이쪽 차량과 저쪽 차량은 까만 고무 패킹 같은 것으로 이어져 있는데, 굴곡이 심한 터널 속을 달릴 때면 춤을 추듯 접혔다 펴졌다 하며 요란스레 움직인다. 꺾이는 각도도 급해서 불안한 데다, 얼마나 낡았는지, 앞 차량이 열을 내서 달리기라도 하면 뒤에 매달려 가고 있는 나를 실은 이쪽 차량은 자칫 툭하고 떨어져 나와 그 컴컴한 지하 터널에 내동댕이쳐질 것만 같은 불안감이 든다.

3

산업화와 도시 개발이 일찍 있었던 데 반해 메트로 개통이 비교적 늦었던 것은 '지상철'이냐 '지하철'이냐의 기본 콘셉트 결정에 20년이나 소모된 까닭이다. 도시의 지상 경관을 해친다는 이유로 지상철은 반대가 심해 지하철로 추진해야 했지만, 그러기엔 파리의 옛 건물들이 지하가 연결된 구조라는 것이 문제였다. 안전 문제를 해결하기가 쉽지 않았던 것이다. 게다가 파리는 유난히 지하수가 발달된 곳이라 이 역시 난관이었다 한다. 고려해야 할 요소들이 많은 만큼 결정이 쉽지 않았던 것이다.

파리의 지하철 건설을 지휘한 엔지니어 풀장스 비앙브뉘(Fulgence Bienvenue, 1852-1936)는 '메트로의 아버지'라 불린다. 1887년 공사를 시작해 1900년 개통한 1호선부터 이후 30여 년간 파리의 지하철은 그의 손을 거쳐 완성된다. 파리 시 남부 여러 개의 노선이 교차하는 지점에 있는 몽파르나스–비앙브뉘(Montparnasse–Bienvenüe) 역은 그를 기리기 위해 붙여진 이름이다. 'bienvenüe'는 프랑스어로 '환영'을 뜻하니, 파리를 찾는 이들은 그의 환대를 거부할 수 없다.

메트로에 기여한 또 다른 인물로 프랑스의 대표적인 아르누보건축가 엑토르 기마르(Hector Guimard, 1867-1942)가 있다. 파리 16구의 주택가, 특히 라퐁텐 거리와 모차르트 거리에 그가 디자인한 건물들이 많이 남아 있지만, 메트로의 지상 입구 디자인으로 더 낯익다. 풀과 나무, 나비와 잠자리 등을 모티프로 한 춤추는 듯한 초록색 철제 장식은 파리 메트로의 상징적 조형물이다. 특히 여행객들이 많이 찾는 몽마르트르 지역의 아베스 역과 서쪽 지역 2호선 끝자락 포트 도핀 역의 구조물은 원형 그대로라 한다.

어두운 지하로 걸어 내려가는 일이 처음부터 즐겁지는 않았을 것이다. 땅속을 달리는 거대한 고철 덩어리 속에 몸을 싣는 일은 어쩌면 공포였을 수도 있겠다. 이 모든 일이 즐거운 경험이 될 수 있다고 설득하는 데에 기마르의 디자인이 일조했음에 틀림없다. 개통 첫날 3만 장으로 시작해 단 5개월 만에 1,600만 장이나 메트로 표가 팔렸다니 말이다.

4

빨간색 'Metro' 표지, 노란 바탕에 'Metropolitain'이라 쓰여 있는 매혹적인 청동 조형 입구, 미로처럼 얽혀 이어지는 좁은 통로와 계단, 아치형 터널의 새하얀 타일 벽, 파란 직사각형 표지판 위의 낯선 글자들, 꼬불꼬불 굽이치는 철로, 지저분하고 매캐한 오래된 냄새. 땅속을 달리면서도 늘 열려 있는 창문들, 접거나 펼 수 있는 의자, 빨간 버튼과 스테인리스 레버, 방금 막 버터에 굴린 듯한 안내 방송의 현란한 발음, 악사들의 전자 기타 연주, 여행객들의 발그레한 표정과 무심하고 지친 파리지앵의 얼굴들.

100년도 넘는 시간 동안 얼마나 많은 이가 얼마나 많은 사연을 간직한 채 이곳에 머물렀을까. 많은 이야기가 켜켜이 쌓인 낡고 오래된 이 지하철은 어쩌면 우리를 백 년쯤 전으로 실어다 줄지 모른다. 파리의 메트로는 오늘도 기억을 담고 시간 속을 달린다.

PAR
AVION

PARIS-VII
14 JUIL 67

4부. 이주의 시대

SOUVENIR DU SOMMETDELATOUREIFFEL

PARIS

P A R I S (2e.) .-

파리의 흔한 동네 빵집과 식당

1

호텔 앞에는 '심플리'라는 이름의 잡화점이 있었다. 상호는 '심플리'지만 가게의 물건들은 전혀 '심플'하지 않았다. 다국적 제품들과 식료품의 박람회장 같았다. 구석구석 숨어 있는 물건들을 구경하는 재미가 쏠쏠했다. 낮 동안 회의나 인터뷰, 수업 참관 등 예정된 일정을 마치고 나면 늘 퇴근하는 직장인처럼 심플리에 들러 싸구려 와인이나 맥주 한 캔을 군것질거리와 사 들고 호텔로 들어오곤 했다. 호텔 근처에는 파리의 여느 거리와 다름없이 분위기 좋은 카페들이 늘어서 있었지만 매일 밤 분위기를 낼 수는 없는 노릇이었다.

몽파르나스 역에서 호텔까지 오는 길에는 건장한 남자 서너 명이면 꽉 찰 만큼 아주 작은 가게가 서너 개 늘어서 있었다. 포장마차가 조금 진화한 수준 같기도 한 이 작은 가게들은 간단한 요깃거리를 팔고 있었다. 샌드위치나 크레페 가게도 있었고, 햄버거와 치킨 따위를 파는 가게도 있었다. 케밥과 푸짐한 감자튀김도 맛나 보였다. 다진 치킨 요리와 감자튀김과 야채 샐러드를 골라 담은 도시락 하나가 7유로쯤 해서 출출한 밤 야식으로는 딱이었다. 심플리에서 사 온 맥주나 와인을 곁들이면 세상 부러운 게 없었다. 미식의 나라 프랑스에 와서까지 이렇게 끼니를 '때워야' 하나 싶기도 하지만 여행자의 가난은 때론 더없는 낭만이기도 하다. 게다가 암호 해독하듯 프랑스어 메뉴판을 들여다보는 일이 늘 그렇게 즐거운 것도 아니다. 온종일 낯선 곳을 헤매고 다니다 숙소에 들어온 밤이면 편안하고 익숙한 것들이 그립게 마련이다.

2

가을이 제법 깊어지니 아침저녁 공기가 부쩍 쌀쌀해졌다. 마침 호텔 근처에 늦게까지 문을 여는 베트남 식당이 하나 있어 뜨끈한 국물이 그리운 밤에는 톡톡히 덕을 보았다. 파리에는 베트남 음식점이 유난히 많다. 심지어 차이나타운으로 불리는 파리 13구에는 중국 식당보다도 베트남 쌀국수집이 더 많아 보인다. 19세기 후반부터 20세기 중반까지 70년 긴 세월을 베트남은 프랑스 통치하에 있었다. 식민지 이민사의 서글픈 역사와 이방인들의 고달픈 삶의 애환을 오래도록 담아낸 음식이라 그럴까, 파리의 베트남 식당에서 먹는 쌀국수와 만두는 서울의 그것들보다 훨씬 깊고 투박한 맛이 난다.

이 동네를 걷다 보면 인도를 꽉 채우고 서 있는 노점상들을 마주치곤 한다. 알록달록한 장신구나 장식품들, 머플러와 옷가지들, 갖은 채소와 과일들은 관광지의 흔한 벼룩시장 풍경이라지만, 비릿한 생선들이 잔뜩 널려 있는 좌판들 틈을 지나다 보면 이곳이 파리인가 싶다.

하긴 톨비악 역 근처나 13구만 그런 건 아니다. 파리의 나지막한 건물들과 고풍스러운 풍경들에 취해 있다가 잠시 고개 들어 사람들에게 눈길을 옮기게 되면 이곳이 파리인가 싶어지는 건 순간이다. 지하철에 앉아 있

으면 들려오는 언어만 몇 개인지 모른다. 히잡이나 부르카를 입은 무슬림 여성들이 유난히 눈에 많이 띄는 것도 파리의 특징이다. 특히 파리 동북부 지역에는 북아프리카 국가 출신 무슬림들이 많이 거주한다. 1962년 알제리 독립 이후 대거 유입된 이민자들이다.

루브르와 오페라 근처 골목에는 일본 음식점이 많다. 주로 우동이나 초밥을 파는 가게들이다. 말쑥한 파리지앵 젊은이들이 가게 문 앞에 줄지어 하염없이 순서를 기다리고 있다 싶으면 여지없이 일본 식당이다. 한국 식당도 종종 보이지만 가게에 내걸어 놓은 메뉴를 가만히 들여다보면 일본 식당과 한국 식당의 중간쯤 되어 보인다. 그래도 한국 식료품점이 있어 반가웠다. 가게를 처음 발견한 날은 김밥 한 줄과 컵라면 두어 개를 사 들고는 갑자기 부자가 된 기분이었다.

3

소르본 대학 근처의 노천카페에서 처음 마신 에스프레소, 생 미셸 광장의 카페에서 먹은 야채 수프와 오믈렛, 베르사유 궁전의 레스토랑에서 큰맘 먹고 주문한 연어 요리와 와인은 이 여행을 기념하며 오래도록 기억할 맛들이다. 하지만, 20년 만에 다시 찾은 파리의 첫날 아침, 한입 베어 문 크루아상의 그 촉촉함과 고소함은 두고두고 잊을 수 없다.

20년 전 파리 여행이 단단하고 투박한 껍질 속에 감춰진, 순해서 질리지 않는 바게트 맛이었다면, 이번에 다시 찾은 파리는 야들야들하고 고소한 속살을 부서질 듯 얇고 바삭한 표면이 감싸고 있는, 좀 더 오래 입안 가득 풍미가 머무르는 크루아상 같다는 생각이 들었다.

'죽기 전에 파리에서 꼭 먹어 봐야 할 것들' 목록에 있는 요리를 다 먹어 보진 않았지만, '먹어 보지 않으면 후회할 파리의 빵'은 다 먹어 봤지 싶다. 안 그래도 빵이며 떡을 좋아하는 데다 파리는 한 집 건너 빵집이니 그럴 수밖에 없었다. 게다가 호텔 카페테리아의 메뉴에는 늘 다양한 빵들이 올라와 매일 아침을 행복하게 했다. 바게트, 크루아상, 브리오슈, 에스카르고 레쟁, 팽 오 쇼콜라, 쇼송 오 폼므, 팽 드 캉파뉴… 어떤 이름은 낯익고 어떤 이름은 낯설었지만, 그 옛날 어린이 만화영화에 나오던 그림을 똑 닮은 폭신한 모양의 빵들이 소복이 쌓여 있는 모습은 보기만 해도 즐거웠다.

하나하나 빵에 얽힌 이야기들도 흥미롭다. 전통 바게트는 길이가 55cm 정

도이며 표면의 칼집은 빵을 만든 이의 사인을 의미한다든가, 프랑스어로 '초승달'을 의미하는 크루아상은 실은 헝가리에 기원을 두고 있으며, 오스트리아에서 시집온 루이 16세의 왕후 마리 앙투아네트에 의해 프랑스로 전해지게 되었다는 등의 이야기가 그렇다. 또 '에스카르고(escargot)'는 불어로 '달팽이'를 의미하고, '레쟁(raisins)'은 '건포도'를 뜻하니, '에스카르고 레쟁'은 이름 그대로 '건포도가 들어 있는 달팽이 모양의 빵'이다.

브리오슈에 얽힌 이야기도 있다. 실제로는 다른 사람이 한 말이라는데 사치와 낭비로 유명했던 마리 앙투아네트에게 저작권이 돌아가 버린 그 말. "빵이 없으면 케이크를 먹으면 되잖아!" 프랑스 대혁명 당시 굶주리는 백성에게 던졌다는 이 철없는 말 속의 '케이크'가 실은 '브리오슈'를 의미한다는 것이다. 버터와 설탕과 달걀이 많이 들어가는 빵이라 당시엔 귀족이나 먹을 수 있는 빵이었던 것이다.

4

"파리에서는 충분히 먹지 못하면 몹시 허기가 진다. 빵집 진열대에는 먹음 직스러운 빵들이 그득하고 거리에는 테라스에 차려진 식탁에서 식사하는 사람이 많아서 늘 먹을 것이 눈에 보이고 음식 냄새가 코를 자극하기 때문이다. 특파원 일을 그만두고 나서 미국에서 아무도 사주지 않는 글만 쓰고 있을 무렵, 누군가와 점심을 먹으러 간다고 집에 말하고 나왔을 때 가기에 딱 좋은 장소는 뤽상부르 공원이었다."

파리 체류 시절, 젊고 가난하고 가진 거라곤 소설을 쓰겠다는 꿈뿐이었던 헤밍웨이는 아내 해들리에게 점심 약속이 있다고 거짓말을 하고 뤽상부르 공원에 나가 두어 시간씩 시간을 보내다 들어가곤 했다. 일부러 식당이나 빵집이 없는 골목길을 골라 다니지만, '노르스름하고 맛있는 빵 껍질의 맛이 생생하게' 떠올라 괴로워하기도 한다.

"스물다섯 젊은 나이에 건강한 체구를 타고난 나는 끼니를 거르면 몹시 허기가 졌다. 하지만 배고픔은 나의 모든 감각을 예민하게 해 주었다. 나중에 보니 내 소설의 주인공들은 대부분 식욕이 강하거나, 미식가이거나, 혹은 식탐이 있거나, 술을 즐기는 사람들이었다."

헤밍웨이가 미식가였다는 것은 많이 알려져 있는 사실이다. 그의 소설이나 에세이에 그렇게 자주 음식과 와인과 식당과 카페 이야기가 등장하는 것은 어쩌면, 작가로서의 삶을 처음 시작한 곳이 파리였던 탓이었을지도 모르겠다. 그것도 가난하고 굶주렸던 젊은 날에.

'자발적 망명자'의 슬픈 축제

1

파리에 이주해 온 당시에 헤밍웨이는 작가가 아닌 신문사 특파원 신분이었다. 전쟁터에서의 상흔과 첫사랑의 아픔과 얼마간의 기자 경력을 지닌, 결혼한 지 몇 달 안 된 청년이었다. 이 무렵 파리는 전 세계에서 몰려든 젊은 예술가들이 넘쳐 나는 '움직이는 축제'의 공간이었다. 그리고 그는 미국 최고의 작가가 되겠다는 꿈을 꾸고 있었다.

파리의 센 강 좌안 가난한 예술가들의 터전이었던 카르티에 라탱과 몽파르나스 지역에 자리를 잡은 헤밍웨이와 친구들의 일상은 『태양은 다시 떠오른다(The Sun Also Rises)』(1926)의 인물들로 고스란히 형상화되었다. 파리 체류 시절 발표한 이 작품으로 그는 작가로서의 명성을 얻었고 가난에서 벗어날 수 있었다.

제이크 반스, 브렛 애슐리, 로버트 콘, 마이클 캠벨. 누구는 육체가 병들었고 누구는 마음이 병들었다. 일상은 지루하기만 하다. 밤낮 술집과 카페를 몰려다닌다. 비틀거리고 쉽게 취해 버린다. 남의 나라에 사는 것도 부족해 또 다른 남의 나라에 우루루 몰려가 투우와 축제 속에 몸을 던진다. 술집에서 만난 이와 몸싸움을 하고, 낯선 남자에게 자신을 던지고는 사랑이라 믿어 버린다. 도망칠 궁리뿐이다.

제1차 세계대전이 막 끝난 이 시대를 흔히 '광란의 시대(Roaring Twenties)', '재즈의 시대(Jazz Age)'라 일컫는다. 그리고 헤밍웨이 자신은 그렇게 불리기를 아주 싫어했다지만, 사람들은 이 시대 이 세대를 흔히 '길 잃은 세대(Lost Generation)'라 부르곤 한다. 소설 속 등장인물들처럼, 1920년대 파리의 밤거리를 헤매던 젊은 날의 헤밍웨이와 그의 친구들은 미국이 싫어 떠나온 이들이었다. '국외 추방자', '국외 이주자' 혹은 '자발적 망명자'라 불리는 이들은 당시 미국 사회에 대한 환멸감으로 고국을 등지고 떠나온 이들이다.

얼마나 많은 이가 파리로 쏟아져 들어왔던지, 당시 「파리 트리뷴」지는 파리를 '미국의 병원'이라 빗대며 비아냥거릴 지경이었다. 그도 그럴 것이 1920년대 초 파리에 거주하던 미국인은 자그마치 3만 명에 이르고, 영어를 사용하는 이들은 20만 명에 육박했다. 당시 분위기를 짐작할 수 있다. 이 무렵 미국은 치솟는 주가와 밀주 매매로 신흥 부자들이 급증하고 전통적 관습과 가치가 무너져 가는 혼돈의 시대였다. 얼마 못 가 경제 공황이 오고 세계는 또다시 전쟁의 화염에 휩싸인다. 그 잠깐의 시대를 오죽하면 역사학자들은 '만취 상태로 보낸 기나긴 주말'이라 불렀을까.

2

그로부터 근 한 세기가 흘렀다. 그리고 여긴 지구 반대편이다. 그런데 내가 사는 이 나라의 이 시간이 그들의 그 시절과 어쩐지 크게 다르지 않다. 전쟁을 겪은 것은 반세기 전이지만 유례없는 고도성장을 이뤄 내며 또 다른 전쟁 같은 시간을 지나왔다. 이쯤 되면 살 만해져야 했는데 그렇지가 않다. '한국이 싫어서'라는 제목의 책이 광화문 대형 서점 매대 한복판에 떡하니 누워 있고 '헬조선'이라는 우울한 말을 중학교 2학년 아이들까지 내뱉고 다니는 세상이 되었다. 사람들은 떠나고 싶어 한다. 떠나지 못한 이들, 떠날 수 없는 이들은 이 땅을 저주한다. 미래를 말하기 두려워한다. 희망은 사치처럼 느껴질 뿐이다.

제이크 반스와 브렛 애슐리처럼, 고국을 등진 수많은 젊은이들을 집어삼킨 파리에 나도 그들처럼 빨려 들어가고 싶었다. 절망과 허무와 혼돈의 시기에 방황하는 젊음의 도피처가 되었던 그곳에 내 지친 영혼도 맡기고 싶었다. 그들처럼 파리의 밤거리를 걷는다. 카르티에 라탱의 골목길을 길 잃은 사람처럼 헤매 다닌다. 팡테옹 언덕길을 오르내리고, 소르본 대학의 뒷골목을 기웃거리고, 뤽상부르 공원 담벼락을 따라 걷는다. 생 미셸의 카페도 그대로다. 몽테뉴 생트 주느비에브 거리에는 여전히 젊은이들의 바가 즐비하다. 제이크 반스와 친구들이 몰려갔을 법한 댄스 클럽도 기웃거린다. 세기가 달라져도 젊은이들은 밤거리를 방황한다.

"이봐, 로버트, 다른 나라에 간다고 해서 달라지는 건 없어. 나도 벌써 그런 것은 모조리 해 봤어. 이 나라에서 저 나라로 옮겨 다닌다고 해서 너 자신한테서 달아날 수 있는 건 아냐. 그래 봤자 별거 없어."
"하지만 넌 남미에 가 본 적도 없잖아."
"남아메리카라니 무슨 말라죽은 소리야! 지금 같은 심정으로 그곳에 가 봤자 달라지는 건 아무것도 없어. 이곳은 괜찮은 도시야. 어째서 파리에서 새로 인생을 시작하려고 하지 않는 거야?"
"난 파리가 진절머리가 나. 난 카르티에 라탱이 넌더리가 난단 말이야."

숨통이 트일까 싶어 도망치듯 날아왔지만 그들은 이곳에 딱히 뿌리를 내리지도 못했다. 도피처로 삼은 곳이지만 파리도 그들에게 위로가 되지는 못했다. 내게도 파리는 그랬다. 애틋하고 그립지만 잡을 수 없는 곳, 영영 머물고 싶지만 끝내 떠나야 하는 곳, 몹시 갖고 싶지만 얻을 수 없는 곳, 어떻게도 내 것이 될 수 없는 곳. 어쩌란 말이냐. 모두가 파리로 떠날 수는 없는 노릇 아닌가. 파리라고 뾰족한 수가 있는 것도 아니지 않은가. 내가 그대로인데 그곳에 간다고 무엇이 달라지겠는가, 태양은 다시 또 떠오르는데 이제 어디로 가야 하는가.

몽파르나스 역, 기억이 춤추는 공간

1

몽파르나스 역은 그 가을, 파리의 어느 곳보다 내게 특별한 곳이었다. 언제라도 어디로든 떠날 수 있고, 언제라도 어디에서든 돌아와야만 하는 곳. 아침이면 몽파르나스 역에서 심호흡을 한 번 하며 색색깔의 메트로를 골라 타고 어디론가 새로운 여행을 떠난다. 그리고 밤이면 파리 시내 어디에서건 몽파르나스 역에 도달할 방법을 고심한다. 지하철 노선표의 선과 점을 잇는 줄 긋기 끝에 다시 또 색색의 메트로를 갈아타고 이곳에 도착하는 식이다. 매일매일 똑같다.

아침의 설렘과 흥분이 늦은 밤의 불안과 피로로 변할 때쯤이면 여지없이 나는 몽파르나스 역으로 향하고 있었다. 그렇게 도달한 역의 지하에서 계단을 한 칸, 한 칸, 딛고 올라 지상으로 나올 때면, 멋이라고는 하나도 없는 몽파르나스 타워가 눈앞에 턱하니 서 있는 것이다. 전혀 파리답지 않은, 거대하기만 한 이 59층짜리 타워가 시야에 들어오면 이내 긴장감이 풀리면서 낯선 도시에서의 하루를 무사히 마쳤다는 안도의 한숨이 절로 새어 나오곤 했다.

파리의 '흔하디흔한' 아름답고 정교한 나지막한 건물들 사이에서 서울에서나 볼 수 있을 법한, 전혀 '흔하지 않은' 이 네모나고 높다란 검은색 빌

딩은 눈에 띄지 않을 수 없었다. 비아냥거리기 좋아하는 사람들은 몽파르나스 타워를 21세기 가장 흉한 건축물이라고 비판을 한다는데, '높은 곳에서 내려다보기'가 관광의 정수라 믿는 현대의 여행객들은 줄을 지어 타워 꼭대기 전망대로 오른다.

2

조용한 주택가였던 몽파르나스 지역이 활기를 띠기 시작한 것은 1900년 대 들어서다. 가난한 예술가들의 터전이었던 몽마르트르가 환락과 퇴폐의 공간으로 변해 가고 이에 환멸을 느낀 이들이 하나둘 이주해 오면서 예술가들의 공간으로 새롭게 변모한 것이다. 거기에 제1차 세계대전과 제2차 세계대전 사이 외국에서 몰려든 소설가, 시인, 화가, 정치 망명가들까지 합류해 활기를 더하게 된다.

헤밍웨이, 모딜리아니(Amedeo Modigliani, 1884–1920), 피카소, 기욤 아폴리네르, 만 레이 등의 아지트로 유명해진 카페 르 돔, 라 쿠폴, 라 로통드, 르 셀렉트 등도 이곳 몽파르나스 지역에 모여 있다. 헤밍웨이는『파리는 날마다 축제』에서 이곳에 있는 카페 '라 클로즈리 데 릴라'를 '파리에서 가장 좋은 카페 중 하나'라고 치켜세운다. 작가로서 첫 출세작『태양은 다시 떠오른다』도 그곳에서 탈고했다지, 아마. 나혜석은 파리에 머무는 동안 몽파르나스의 랑송 아카데미에서 그림을 그렸다.

역 앞 광장에는 생뚱맞은 회전목마가 있었다. 밤이면 밤마다 알록달록 작은 전구에 불을 밝히며 돌고 있었다. 실제로 타는 사람을 본 적은 없지만

목마는 매일매일 그렇게 꿈처럼 돌고 있었다. 목마에 올라타면 몇 바퀴쯤 천천히 돌다가 다들 자신이 원하는 과거의 어느 시점으로 스르륵 옮겨지는 것은 아닐까, 올라타기만 하면 모두 그렇게 마법처럼 사라져 버리기 때문에 늘 목마는 비어 있는 것이 아닐까, 쓸쓸히 홀로 돌고 있는 아담한 회전목마를 보고 있자면 터무니없이 그런 공상이 스치곤 했다.

역사와 광장 사이에는 꽃집이 여럿 있었다. 빛깔도 모양도 향기도 모두 다른 꽃이 끼리끼리 다발로 묶여 있는 모양이 풍성하고 아름답다. 예쁜 포장지 속에 고개 내민 꽃송이들의 말간 얼굴이 사랑스럽다. 누군가의 고백을 담아 오늘 어디론가 여행을 떠나게 될 꽃다발들이 설레는 표정으로 손짓한다.

광장에는 작은 노점상들이 늘 같은 자리를 지키고 있었다. 주로 니트류

로 이루어진 카디건과 스웨터가 진열되어 있었다. 쌀쌀한 가을 공기 탓인지 살 생각도 없으면서 망토처럼 생긴 베이지색 카디건을 들척여 보곤 했다. 머플러와 모자, 부츠와 구두 따위를 파는 가게들도 있었다. 구두나 부츠는 하나같이 크고 투박스러웠다. 예술의 도시 파리가 아니라 서부 개척 시대 북미의 사막 어디쯤에서나 어울릴 법한 모양새다.

여느 기차역이 다 그러하듯 먹거리 가게도 많았다. 샌드위치나 바게트, 크레페 따위를 팔고 있었고, 노점마다 누텔라 잼들을 잔뜩 진열해 놓고 있었다. '우리 가게 샌드위치는 아주 달아요~ 크레페를 먹으면 정신이 혼미해질 거예요. 달아도 달아도 너무 달거든요!' 하는 것 같았다. 매대 위에 나란히 줄지어 서 있는 초콜릿색 잼들이 보기만 해도 아찔한 단맛이 느껴져 발길을 돌리곤 했다. 같은 단맛도 이렇게 다르게 느껴지다니. 짙은 갈색 꿀이 흘러나오는 호떡이라면 냉큼 집어 들었을 텐데….

광장엔 언제나 사람들이 가득했다. 어디론가 바쁘게 오가는 사람들, 하릴 없이 서성이는 사람들, 주저앉아 궁싯거리는 사람들, 누군가를 기다리는 사람들, 누군가를 만난 사람들, 이제 곧 헤어질 사람들, 이곳에 사는 사람들, 이곳에 처음 온 사람들, 나처럼 잠시 머무는 사람들… . 사람과 물건과 음식과 꽃과 알록달록 회전목마까지, 몽파르나스 역 광장은 늘 작은 축제 같았다.

3

사실 생각해 보면 늘 그렇게 축제 같았을 리 없다. 낯선 도시 한복판 어수 선한 기차역에서 매일 밤 안도감을 느낀 것도 생각해 보면 이상하다. 실 제로 늦은 밤 출출한 배를 달래려 간식거리라도 찾아 역 근처를 헤매다 보면 식료품점이나 가게들은 문 닫은 지 오래고, 어쩌다 만나는 주유소에 딸린 작은 편의점은 스산하기 이를 데 없었다. 편의점은 유리벽 너머로 아직 환하게 불 밝히고 있지만 출입문은 꽁꽁 닫혀 있다.

철창으로 가려진 작은 창구 너머에는 경계심 가득한 주인이 앉아 있고, 철창 이쪽의 또 다른 경계심 가득한 나는 어설프게 쭈그리고 서서 그 작 은 구멍에 최대한 가까이 대고 주문을 한다. 제대로 소통이 될 리 만무하 다. 철창 너머 주인도 그다지 팔려는 의지를 보이지 않는다. 실망하는 쪽 은 늘 이쪽이다. 투덜거리며 숙소로 돌아가는 내내 다시는 여길 오나 봐 라 다짐하기 일쑤다.

끔찍한 사건과 사고가 예기치 못한 일상적 공간에서 하루가 멀다 하고 일어나는 요즘은 아마도 분위기가 더 험악할 것이다. 이제 와 바다 건너 멀리서 들려오는 소식들을 접하고 보면 그때 짧지 않은 여행을 무사히 마치고 온 것이 천만다행이다 싶을 지경이다. 그럼에도 몽파르나스 역은 그 가을 파리의 내겐 설렘과 긴장, 불안과 안도감이 묘하게 어우러진, 낯설고도 익숙한 곳이었다. 지금 이곳의 내게 저 지구 반대편 그곳은 아스라한 기억 속 공간일 뿐이다. 그것들이 거기 있었나 싶은, 내가 거기 있었나 싶은, 비현실적인 아득한 공간.

04

기차 여행, 근대의 시작, 인식의 전환

1

몽파르나스 역의 기억을 떠올린 김에 기차역과 기차 여행 이야기를 좀 더 해 보자. 몽파르나스 역은 생 라자르 역(Gare Saint-Lazare), 동역(Gare de l'Est), 북역(Gare du Nord), 오스테를리츠 역(Gare d'Austerlitz), 리옹 역(Gare de Lyon) 등과 같이 파리의 6개 기차역 중 하나다. 여러 개의 지하철 노선이 교차하는 곳이기도 하고 교외로 향하는 기차들의 출발 지점이기도 해서 역의 규모가 매우 크다. 지하도 그렇지만, 여러 개의 철로가 나란히 놓여 있는 지상의 거대한 공간은 역사 안이나 밖이나 늘 북적인다. 파리 근교로 나가는 기차를 타기 위해 플랫폼에 서 있으면 클로드 모네의 「생 라자르 역」이 절로 떠오른다.

인상파와 기차역은 뗄 수 없는 밀접한 관계를 갖고 있다. 인상주의 화가들에게 철로와 기차와 증기의 이미지는 그 자체로도 매우 역동적이고 감각적인 그림의 대상이 되었다. 그뿐만 아니라 기차 덕분에 화실을 벗어난 교외에서의 작업이 가능하게 되었고, 빛의 변화에 따른 색조의 변화에 더욱 민감하게 되었다. 게다가 물감을 보관하는 금속제 튜브가 1840년대에 발명되고, 작은 캔버스나 이젤 등 휴대용 화구 세트가 나오면서 야외에서의 유화 작업은 점차 확산될 수 있었다. 과학기술이 일상에 어떻게 파고드는지, 변화된 일상이 예술과 미학의 영역에 어떻게 스며드는지를 엿볼

클로드 모네, 「생 라자르 역」, 1877, 75 x 104, 캔버스에 유채, 파리 오르세 미술관

수 있는 대목이다.

기차의 출현이 충격적이기는 했던 모양이라, 뤼미에르 형제가 만들어 공개한 최초의 영화도 「기차의 도착」이었다. 3분짜리 영화는 1895년 파리의 한 카페에서 상영되었다. 모네가 생 라자르 역의 기차를 그리고 20년이나 지난 뒤인데도, 영화가 시작되고 스크린 속에서 기차가 들어올 때 모여 있던 사람들이 모두 깜짝 놀라 달아났다 한다.

2

파리의 모네가 기차역과 기차와 기관에서 뿜어져 나오는 연기를 여러 개의 캔버스에 인상적으로 묘사한 것처럼, 뤼미에르 형제가 기차의 속도감을 영상에 담아낸 것처럼, 미국과 유럽을 둘러보고 이제 막 돌아온 조선 사람 유길준(兪吉濬, 1856-1914)은 1885년, 『서유견문』에서 기차의 모양과 체계, 기차를 움직이는 증기기관의 원리에 대해 상세히 기술한다.

"증기는 물이 끓는 기운이니, 김[汽]이라고도 한다. 냄비나 가마솥에 물을 끓이면 그 뚜껑을 불어 올리게 되는데, 이것이 바로 증기의 힘이다. 한 홉의 물을 끓이면서 차츰 화력을 더하여 물을 다 증발시키면 17말의 증기가 만들어지는데, 1,700배의 분량이다. 증기기관은 이렇게 팽창한 증기를 밀폐된 그릇 속에 봉한 뒤에, 그 폭발하는 힘을 빌려서 기관을 움직이는 것이다."

증기기관의 원리를 이처럼 자세히 설명하고는 "증기기관이 한번 세상에 나온 뒤부터 전 세계에서 공작하는 방법과 무역하는 습속이 변하였다"고 말한다. 이전에 인간이 직접 하던 일들을 어떻게 기계가 대체하고 있는지, 그 과정에서 사람은 어떤 역할을 하고 있는지, 그로 인한 결과와 이득이 무엇인지를 일일이 예를 나열하며 보여 주고 설명한다. 그러고는 자신이 보고 온 서구 세계에 대한 감흥을 주체할 길 없다는 듯이 '오늘날의 세상은 증기 세계다'라고 선언한다.

"기차는 증기기관의 힘을 빌려서 움직이는 차인데, 화륜차라고도 한다. 앞 차 한 량(輛)에다 증기 기계를 장치하여 기관차라 이름하고, 기관차 한 량으로 다른 차 2,30량 내지 4,50량을 끈다. 기차는 육중하고도 견고하게 만들며 차량마다 각기 네 개의 쇠바퀴로 달리므로 보통 길에서는 달릴 수

파리 사람들이 스크린 속 기차에 놀라 달아날 지경이었으니, 당시 기차가
조선에서 얼마나 충격적이었을지 짐작할 만하다. 아니나 다를까 "기차가
운행할 때에 나는 시끄러운 소리가 천둥 같아서 소나 말이 놀라 흩어지
며, 또 석탄 연기가 양털을 오염시켜 목축에 방해되므로 좋지 않다"는 여
론이 자자했다 한다. 21세기를 사는 우리는 더 이상 기차의 규모나 속도
에 놀라지 않는다. 기차역을 가득 채우는 연기도 없다. 기차나 기차역이
새삼 신기하거나 경이롭게 느껴질 리 없지만, 그때나 지금이나 기차역은
여전히 우리의 마음을 뛰게 한다.

3

기차의 출현으로 일부 계급의 전유물이었던 여행이 보통 사람들에게도 가능하게 되었다. 한 번에 많은 사람을 싣고 빠른 시간 내에 멀리까지 이동할 수 있는 기차의 등장은 사람들의 생활과 감각에 큰 변화를 가져왔다. 시간과 공간에 대한 감각이 달라진 것은 물론이고, 세상을 받아들이는 방법이 달라졌다. 달리는 기차의 차창 너머로 지나가는 풍경들은 사실보다 인상으로 기억된다. 커다란 사각 프레임 속에 부서지듯 와 닿고 사라지는 빛과 멀리 펼쳐지는 풍경은 인상과 화가들에게 많은 영감을 주었다. 기차 안에서 바라보는 프레임 속 세상은 드라마틱해졌다. 공간 이동의 자유는 경험을 확장시켰고, 사회적 교류와 지식의 공유를 가능하게 했다. 실로 놀라운 혁명이 아닐 수 없다.

그래, 혁명으로 자유를 얻었는가. 글쎄, 딱히 그런 것 같지는 않다. 증기기관의 발명으로 노동 시간이 단축되었고, 노동 시간의 단축은 개인의 여가 생활을 가져왔다. 하지만 그마저 또 다른 노동이 되어 버린 것은 아닌지 의문이다. 계급에 무관하게 여행의 자유를 누리게 되었다고는 하나 제한적 자유일 뿐이다. 여행의 내용과 선택에 극복하기 어려운 차이는 여전히 존재한다. 우리는 대체로 씁쓸하게 타협하는 자신을 발견한다.

'경험을 통한 지식의 축적'과 '세상을 보는 안목의 확장'에 대한 믿음은 어떤가? 여행이 좋은 나는 이 말을 사실인 척 우기고 싶다. 그렇지만 그래도 될까? 달리는 기차 안에선 네모난 창으로 들어오는 세상을 스치듯 볼 수밖에 없다. 정해진 틀로 세상을 재단하고 선택적으로 수용하며 표면적으로 인식할 수밖에 없는 것이 혹 여행의 본질적 속성은 아니던가. 직접 경험에 대한 맹신이 자칫 지식과 사고를 편협하게 가두는 결과를 초래할 수도 있지 않을까? 내가 보고 온 것이 진짜일까. 그것이 전부일까. 경험의 조각을 근거로 그 세계를 단정해도 되는 것일까. 시간과 공간을 잠시 이동했다는 사실이 무엇을 보장할 수 있는가.

몽파르나스 역은 오늘도 기차와 사람으로 북적인다. 그들이 뿜어내는 열기가 뜨겁다. 떠나는 이의 설렘과 도착한 이의 안도감이 서로 엉켜 춤을 춘다. 오늘 나는 무엇을 두고 오게 될까. 아니면, 무엇을 담아 오게 될까. 이 여행은 내게 무슨 의미인가.

05

예술과 낭만의 도시, 그 우울한 뒷모습

1

"사람들은 살기 위해서 여기로 몰려드는데, 나는 오히려 사람들이 여기서 죽을 것 같다는 생각이 든다."

라이너 마리아 릴케의 유일한 소설 『말테의 수기』 첫 문장이다. 덴마크의 몰락한 귀족 출신이자 가난한 무명 시인 말테는 스물여덟의 나이에 꿈에 그리던 도시 파리에 머물게 되었다. 하지만 고향과 달리 20세기 초 파리는 너무나 크고 공허하다. 자선병원과 어두운 골목길을 헤매며 도시 빈민의 고독과 절망을 목도한다. 비정하고 위협적인 도시의 곳곳에 빈곤과 죽음이 널려 있다.

"노트르담 데 샹 거리의 모퉁이에서 완전히 자기 몸속으로 폭삭 가라앉은 듯한 그 여자는 두 손에 얼굴을 묻고 있었다. 나는 그녀를 보자마자 소리를 죽여 걸어가기 시작했다. 가난한 사람들이 생각에 잠겨 있을 때에는 방해해서는 안 된다. 어쩌면 그들에게 지난 일에 대한 생각이 떠오를지 모르니까. 거리는 너무나도 텅 비어 있었다. 그 공허가 지루해하며 내 발밑에서 걸음을 빼앗아다가 나막신을 신은 듯이 이리저리 딸가닥거리며 돌아다녔다."

어두운 도시의 골목들을 헤매고 다니던 말테는 어느 날 웅크리고 앉아 구걸하는 한 여인을 마주친다. 소리를 죽여 조심스레 지나친다. 혹여 지나가는 사람들의 발자국 소리나 유난스러운 눈길이 그녀의 묻어 둔 세월의 추억과 일을 깨울지 모른다. 자신을 이리로 몰아온 그 많은 시간의 일들이 떠오르기 시작하면 아픔과 슬픔이 너무 커서 그나마 이만큼도 견디기 어렵게 될지 모르는 일이다. 그러니 말테가 그랬던 것처럼, "가난한 사람들이 생각에 잠겨 있을 때에는 방해해서는 안 된다. 어쩌면 그들에게 지난 일에 대한 생각이 떠오를지 모르니까".

2

21세기 파리의 화려한 거리에서도 백 년 전 그때처럼, 여전히 그렇게 후미진 자리를 차지하고 맥없이 주저앉아 있는 초라한 행색의 사람들을 어렵지 않게 마주치게 된다. 노트르담 데 샹 거리는 물론이고 명품 매장이 즐비한 샹젤리제 거리나 루브르 박물관과 팔레 루아얄 근처의 화려한 거리에서도, 오페라 가르니에 앞의 활기찬 광장에서도 그들을 발견하는 일은 특별한 일이 아니다.

냄새나는 지저분한 담요를 둘둘 말고 아무런 미동도 없이 초점 없는 눈빛으로 허공을 응시하고 있는 그들의 텅 빈 표정을 마주치고는 가슴이 쿵 내려앉은 적이 한두 번이 아니다. 나의 당황스러운 눈빛이 그들의 오랜 고요를 깨지는 않을까 두려움이 엄습한다. 건드리고 싶지 않은 생채기를 덮어 두는 마음으로 나도 몰래 발걸음이 빨라지곤 한다. 쫓기듯 달아나는 몸과 마음이 이내 부끄러워지지만 잠시 머무는 여행객으로 달리 어떻게

해야 할지 알 수가 없다.

루브르에서 오페라까지 이어지는 오페라 애비뉴를 걷다 보면 중간에 피라미드라는 지하철역을 지난다. 그곳에서였다. 그 어린 노숙자 부부와 아이를 만난 것은. 젊은 부부는 서너 살쯤으로 보이는 아이를 사이에 두고 회색빛 담요로 온몸을 둘둘 말고 얼굴만 내민 채 앉아 있었다. 회갈색 눈동자엔 힘이 없었고, 금발은 하얀 얼굴을 더 창백해 보이게 했다. 선선한 바람이 걷기엔 딱 좋은 가을밤이었지만 밖에서 밤을 나기엔 아무래도 차가운 날씨라 걱정이 되었다. 잠든 아이를 돌보기엔 엄마도 아빠도 너무 어리고, 이미 오십 년쯤은 살아 낸 듯 지쳐 보였다. 대체 어떤 사연으로 이들은 여기 이 자리에 이렇게 처절한 모습으로 있게 된 것일까.

3

프랑스에서는 노숙자를 'SDF(Sans Domicile Fixe)'라 한다. '고정된 주거지
가 없는', '주거부정자', '주거불명자'라는 뜻이다. 거주지가 확실치 않은,
안정된 주거지가 없는 것으로 간주되는 노숙자들은 2012년 프랑스 국립
통계청(INSEE) 자료 기준 총 14만여 명이다. 2001년 통계에 비해 50%가
량 증가한 수치다. 10년 남짓의 세월 동안 50%나 증가한 것도 문제지만
노숙자의 연령대가 낮아지고 있다는 점, 여성과 아동이 증가하고 있다는
점 등이 문제점으로 부각되고 있다. 난민의 유입과 불법 체류자 증가로
외국인 노숙자도 날로 증가하고 있다.

지역 센터나 민간 자선단체의 구호 시설 등에 임시로 머물고 있는 이들,
친지나 지인의 집에서 일시적으로 도움을 받고 있는 이들까지 포함하면
그 수치는 훨씬 더 커진다. 국립통계청의 공식 통계 자료와 자선단체의
통계 자료 사이에 몇 배씩 차이가 있는 것은 그러한 이유에서다. 게다가
여러 사정으로 통계에 잡히지 않는 이들까지 고려하면 그 규모는 훨씬 클
것으로 짐작할 수 있다.

노숙자 문제는 비단 프랑스만의 문제가 아니다. 수년째 국민 행복지수 1
위 자리를 지키고 있는, 우리로선 비현실적인 나라 덴마크에서도 노숙자
문제는 심각하다. 최근 덴마크 국립사회연구센터(SFI)의 발표 자료에 따
르면 2009년 이후 젊은 노숙자가 79%나 늘어 18세부터 29세 사이 노숙
자가 2천 명에 육박하고 있다. 전체 노숙자의 3분의 1에 해당하는 수치다.
이 역시 가족이나 친지, 친구의 집에 임시로 살고 있는 이들은 포함하지

않은 수치이므로 실제로 안정된 주거지가 없는 이들은 훨씬 더 많다는 것이다.

경제가 악화되면서 실업자가 증가하고, 아예 경제활동에 참여할 기회조차 얻지 못하는 이들이 증가하고 있다. 장기 실업은 가정불화와 해체로 이어지고, 이들 가정의 자녀들은 다시 거리로 내몰리게 되어 최근에는 20세 전후의 청소년 노숙자들이 급속히 증가하고 있는 추세다. 따뜻한 가정과 부모의 온정에 굶주린 이들은 외롭고 연약한 비슷한 처지의 또래들과 쉽게 사랑에 빠지고, 그렇게 이룬 불안정하고 어설픈 가정은 도시의 음습한 곳에 부유할 수밖에 없다.

대책 없는 빈곤과 소외가 대물림되는 것이다. 자생력이 없는 개인에게 노력만을 강요할 수는 없다. 노력으로 극복할 수 없는 절대 빈곤과 소외는 언제든 곪아 터질 심각한 문제로 도시 곳곳에 도사리고 있다. 빈민구호단체에서 숙식을 제공하고, 거리의 문화 예술 사업에 이들을 흡수하는가 하면, 사회적 기업에서 일자리 창출을 위해 아이디어를 고안해 내는 등 다양한 시도가 이루어지고는 있지만 역부족이다.

경제 불황이 장기화되면서 프랑스 사람 둘 중 하나는, 언제라도 자신이 노숙자가 될지 모른다는 두려움을 품은 채 산다는 보고도 있다. 자유와 낭만의 도시, 사랑과 예술의 도시, 파리의 어두운 이면이다. 전통적으로 사회적·경제적 소외를 용납하지 않는 연대 의식이 강한 나라인 이들 국가에서도 이러한데, 경제 불황과 빈부 격차는 날로 심해지고, 문제의 원인을 개인에게서 찾는 것이 오랜 관습인 우리는 앞으로 어떨지 걱정이다.

06

한국학의 산실, 파리7대학

1

그새 참 많은 세월이 흘렀다. 해가 스무 번이나 바뀌었다. 세상에, 20세기에서 21세기로 넘어온 것이다. 강 건너 저편에 두고 온 그 시절이 아련히 떠올라 문득 감격스럽다. 스무 해 만에 다시 찾은 파리에 한껏 취하고 싶지만 마냥 게으름을 피울 수는 없다. 매일매일 일정이 잡혀 있기 때문이다. 오늘은 오후에 파리7대학 한국학과 교수와 인터뷰 약속이 있다. 아, 정신 차리고 이제 파리의 하루를 열어 보기로 하자.

파리7대학(Université Paris Diderot-Paris 7)은 프랑스에서 최근 새롭게 조성한 파리 13구의 대학가에 자리하고 있다. 일단 지하철 14호선을 타고 프랑수아 미테랑 국립도서관(Bibliothèque François Mitterand) 역에서 내려 파리7대학을 찾아가야 한다. 서울과 파리를 오간 몇 차례의 메일에 의하면, 그랑 물랭(Grands Moulins)이라는 큰 건물로 들어가서 프랑스식으로 4층에 있는 한국학과 사무실 502A호로 가야 한다. 엘리베이터에서 내려 오른쪽으로 돌면 유리문이 보일 것이고 그 앞에서 오른쪽 문을 열고 작은 계단을 올라가면 한국학과 사무실이 있을 것이다. 더없이 친절하고 상세한 안내를 받아 둔 터라 마음이 든든했다.

하지만, 파리에서 길 찾기가 어디 그리 만만하던가. 어찌 된 노릇인지 엘리베이터 문이 열리고 보니 학장실인지 총장실인지, 누군가의 방으로 바로 이어져 버린다. 복도의 몇 개 방을 기웃거렸지만 502A호는 보이질 않는다. 다시 예의 그 방으로 들어가 비서처럼 보이는 여자에게 미소를 지으며 다가갔다. 한국학과 사무실과 K 교수 연구실을 물으니 잘 모르는 눈치다. 황망한 마음으로 돌아서려는데 붙잡는다.

미소를 나눈 그 비서와 여직원 한 명이 자신들의 책상으로 나를 데려간다. 한바탕 소동이 시작되었다. 두 손을 휘젓고 고개를 갸우뚱거리며 한참을 이야기를 나눈다. 교내 정보 시스템에 접속해 이것저것 찾아보기도 하고, 민망할 정도로 심각하고 수다스럽게 대화를 나누더니 결단을 내린 듯 그 중 한 명이 "내 그대를 기꺼이 안내하겠노라. 나를 따르라!" 선언한다. 엄마 말 잘 듣는 착한 아이처럼 뒤꽁무니를 따라가며 물어보니, 이 친구는 대만에서 이민을 왔단다. 그렇다고 대만어를 할 줄 아는 건 아니란다.

마치 비밀의 문이라도 통과하듯 이 건물의 복도와 저 건물의 복도를 건너고, 엘리베이터도 두 번인가 세 번을 갈아타며 올라갔다 내려갔다 몇 번쯤 했을까. 도중에 마주친 새로운 직원까지 합류해 국적이 모두 다른 여자 셋이서 그야말로 파리7대학을 정신없이 헤매 다녔다. 마침내 어떤 복도에 멈춰 섰다. 일본학과, 베트남학과, 한국학과 등 동양학과 사무실과 연구실이 보인다. 이 방 저 방을 기웃거리다 찾아낸 교수 연구실. 연구실 문의 명패에서 K 교수 이름을 찾아내고는 세 여자가 환호성을 지른다. 울랄라! 이렇게 유쾌한 길 찾기라니!

시간이 아직 더 남아, 사무실에서 만난 프랑스인 남자 교수의 안내로 도서

관 구경을 하기로 한다. 도서관은 같은 건물, 같은 복도, 저 끝 유리벽 너머에 있었다. 유리문을 밀고 들어서니 아늑한 도서관이 나온다. 1층에는 동양 서적이 잔뜩 꽂힌 서고가 있고, 2층에는 학생들의 열람실이 있다. 살금살금 조심조심 서고의 책들을 구경한다. 입구 쪽의 커다란 서고 두 열에는 한국학 관련서들이 마련되어 있고 안쪽으로 일본어, 베트남어 등으로 쓰인 책들이 보인다. 흥미롭다. 2층으로 올라가니 공부하는 학생들의 책상 옆에 커다란 유리벽이 있고, 유리벽 너머로 아담한 사각형의 작은 공간이 보인다. 가만 보니 언젠가 어느 기사에서 본 적이 있던 한국식 정원이다.

2

프랑스에서의 한국학 연구는 한국전쟁 이후 본격화되었다. 이전에도 모리스 쿠랑(Maurice Courant, 1865-1935) 같은 학자가 있기는 했다. 1894년부터 1901년까지 출간된 총 4권짜리 『조선서지(*Bibliographie Coréenne*)』는 지금도 한국학 연구의 중요한 자료로 꼽힌다. 그러나 그의 사후 프랑스의 한국학 연구는 오래도록 명맥을 잇지 못하다가 소르본 대학에 한국학 연구소 및 한국학 과정이 개설된 것이 1959년이다. 기존의 일본학과를 일본-한국학과로 변경한 것이다. 1968년 대학의 학제 개편으로 1970년 동양 관련 학과들이 파리7대학에 흡수되고, 이때 일본학과로부터 나와 독자적인 한국학과가 개설된다. 현재 파리7대학에는 한국학과를 포함해 중국, 일본, 베트남 등 총 4개의 학과가 동아시아언어문화대학 내에 설치되어 있다.

한국학과의 커리큘럼을 살펴보면, 저학년은 한국어 문법과 회화 능력 향상에 중점을 두고, 고학년은 번역, 시사 강독 등으로 심화 확장된다. 1학년의 경우, 문법, 문법 연습, 회화, 패턴(말하기 연습), 쓰기, 발음 등 6개 과목을 수강하게 된다. 각 과목의 수업 시간은 1시간 반이므로 일주일에 9시간이 한국어 수업에 소요된다. 프랑스 대학은 우리와 달리 학부가 3년이고 한 학기는 12주로 운영된다. 모든 한국어 과목을 수강한다는 전제하에 확보되는 수업 시간은 총 108시간인 셈이다.

한국 대학의 언어 교육 기관에 개설되어 있는 한국어 과정의 수업은 일반적으로 주당 20시간씩 10주 수업을 한 학기로 삼고 있다. 봄·여름·가을·겨울 학기, 각각 10주씩 운영이 되기 때문에 매 학기 총 200시간, 1년이면 800시간의 한국어 수업 시간이 축적되게 된다. 한국에서의 수업 시간과 비교하면 턱없이 부족한 셈이다. 한국에서처럼 한국어가 일상생활에 꼭 필요한 언어도 아니고 수업 시간에도 이런 차이가 있다 보니, 프랑스의 대표적인 한국학 교육 기관이라는 파리7대학의 전공생이라 해도 한국어 수

준이 깊이 있는 학문이 가능할 정도의 고급에 이르기란 쉽지 않다.

한국학과의 재학생은 현재 300명 정도다. 십 년 전인 2005년만 해도 50명이었으니 그새 6배나 증가한 것이다. 기쁘고 반가운 일이다. 이쯤 되면 파리의 한류, K-pop의 위력 등을 외치며 흥분할 만하다. 하지만 그간의 프랑스 내 한국학 전공생 현황을 살펴보면 늘 증가세를 유지하고 있던 것은 아니다. 1990년대에는 베트남학에도 뒤질 정도로 학생 수가 감소했던 적도 있었다. 현재 상황을 보더라도 입학생 수는 많지만 2학년, 3학년으로 올라갈수록 학생 수가 현격히 감소하는 것을 볼 수 있다. 유급이 많아 30퍼센트 정도만 상위 학년으로 진급할 수 있기 때문이다.

게다가 우리처럼 대학 학위를 맹목적으로 추구하는 사회 분위기도 아닌지라 학생들을 지속적으로 유인하고 머물게 할 매력적인 유인책이 없는

한 이 수치는 언제라도 감소할 수 있다. 잠시 유행하고 마는 현상이 아니라 지속적으로 증가하고 유지되는 두터운 학습자층이 형성되어야 한다. 장기적으로 한국어와 한국 문화에 통달하고 깊이 있는 한국학 연구를 진행할 연구자들이 많이 배출되어야 한다. 그러기 위해선 현지 대학의 특수성에 맞는 한국어 교육 방안이 다방면으로 모색되어야 할 것이다.

한-불 수교 130주년 행사 준비로 K 교수는 그만 일어서야 했다. 기분 좋은 만남을 뒤로하고 한국학과 사무실을 나오니 이미 뉘엿뉘엿 해가 지고 있다. 빼곡히 받아 적은 인터뷰 노트를 보물처럼 품고 건물 앞 벤치에 한동안 앉아 있었다. 어서 호텔에 돌아가 정리를 해야 할 텐데… 앞으로 스무 해가 또 지나면 이곳 파리의 한국학, 한국어 교육 현장은 어떻게 달라져 있을까. 그때쯤이면 나는 또 무엇을 궁금해하고 있을까. 해야 할 일이 많다. 가슴이 두근거린다.

07

이쯤이면 문화재, 파리 국립동양언어문화대학

1

흔히들 '이날코(INALCO)'라 부르는 이 대학의 공식 명칭은 국립동양언어문화대학(INALCO, Institut National des Langues et Civilisations Orientales)이다. 17세기에 세워진 학교로 102개의 언어를 가르치는 대학이라니 우리로선 상상하기 어려운 흥미로운 대학이다. 이날코 대학은 파리7대학과 함께 파리의 한국학을 끌어가는 양 축을 이루는 대학이다. 파리의 한국어 교육 현장을 둘러보는 이번 출장을 준비하는 동안 한국에 와 있는 프랑스인 B 교수의 도움을 받았는데, 파리에 가거든 이날코 대학의 J 교수를 꼭 만나고 오라고 몇 번이나 당부를 했던 차였다. 오늘이 그날이다.

메트로 14호선 끝에 자리한 미테랑 도서관 역은 엊그제도 왔던 곳이라 만만할 줄 알았다. 이런! 까만색 베레모가 유난히 예뻤던 그 여학생을 만나는 바람에 모든 계획이 일그러져 버렸다. '매일매일 파리지앵 한두 명이라도 만나 이야기를 나누자'는 괜한 미션을 세운 탓이다. 순정만화에서 막 튀어나온 것 같은 자그마한 여학생, 두 눈을 동그랗게 뜨고 미간을 살짝 찡그리더니 이내 입가에 환한 미소를 지으며 대답하기를, 조기 옆에 보이는 출구로 나가 직진을 하다가 우회전을 하란다. 5분이면 대학 건물이 나타날 거라고.

혼자 나가려는 나를 굳이 불러 동행을 자처한다. 이미 출구로 들어선 나를 저쪽 반대편에서 굳이 다시 불러 자기가 가는 출구로 따라 나오라 소리친다. 얼른 에스컬레이터를 갈아타고 따라 나섰다. 기분 좋게 헤어지고 보니 아무래도 이상하다. 엊그제 왔던 그 길이 아니다. 오기 전에 검색한 자료나 이날코 대학의 J교수 안내에 따르면 파리7대학 근처에 있다고 했는데 여긴 너무 낯설다.

가도 가도 끝이 없는 험한 철길과 도무지 끝날 것 같지 않은 황량한 외곽 길을 걷고 또 걸었다. 대학은커녕 대학 비슷한 건물도 나타날 기미가 보이질 않는다. 마침 대학생 같아 보이는 한 청년이 이어폰을 꽂고 지나가기에 불러 세웠다. '이번에는 제발 맞아라' 속으로 주문을 외며 물었다. 아뿔싸! 왔던 길을 거꾸로 거슬러 다시 내려간다. 우회전을 하면 Rue Grand Moulin에 들어설 테니 거기에서 76번지를 다시 찾아보란다. 이번에는 그래도 나아 보인다. 씩씩하게, 비록 비에 젖은 몰골은 형편없지만 희망의 주문을 넣으며 다시 걷는다. 얼마나 걸었을까. 마침내 반가운 어제의 그 거리다. 돌고 돌아 이제야 겨우 출발점에 다시 선 셈이다. 어쩜, 여행지의 길 찾기는 우리네 인생살이랑 이리도 똑 닮았단 말인가. 그나마 이쯤에서 출발점에 다시 섰으니 이만하면 행운이다.

자그마한 동양 여학생이 배낭을 메고 바지런히 걸어가고 있길래 붙들고 한 번 확인한다. 이 친구, 반가운 표정으로 환한 미소를 짓더니 이날코라면 자기가 잘 안단다.

- 혹시 이날코 학생인가요?

- 네. 맞아요. 저만 믿으세요.

- 한국인은 아니지요?

- 네. 저는 베트남 사람이에요.

그래, 그래. 예쁘다, 예뻐. 드디어 찾았다. 반가운 이날코 대학의 빨간 빌딩! 한 동으로 된 대학이다. 이런! 대학 건물이 한 개 동일 줄이야.

2

이날코 대학은 원래 파리 시내에 있었는데, 2011년 파리 13구에 학문 연구 단지가 조성되면서 이곳으로 옮겨졌단다. 이주 당시 가장 큰 강의실이 300명을 수용하는 규모였는데 한국어과 수업에 350명이 들어오는 바람에 강의실 계단에 앉아 강의를 들어야 하는 진풍경까지 벌어졌다 한다. 프랑스는 바칼로레아(Baccalauréat)만 있으면 누구나 대학에 입학할 수 있고 대학은 거절 자격이 없다. 따라서 한국학과 학생들은 정말 한국어가 좋아서 선택한 학생이 대부분이란다. 예전엔 일본어과에 자리가 없어 온 경우도 흔했지만, 현재 한국어과 학생은 1학년이나 3학년의 학생 수가 비슷할 정도로 이탈 비율이 낮다고 한다.

한국어는 그간 터키어, 아르메니아어 등과 함께 유라시아학과에 속해 있다가 2016년부터 한국학과로 독립되었다. 한국어 외에 단일어 학과는 중국어, 일본어, 아랍어, 히브리어, 러시아어 등이 있다. 학생 수는 일본어와 아랍어에 이어 3-4위 정도로 중국어와 비슷한 수준이다. 중국어는 고등학교에서 배우고 오는 경우가 많아, 처음 배우는 학생들을 위한 0학년을 운영한다. 때문에 학생이 많을 수밖에 없다. 고등학교에서 한국어를 배우는 학생이 많아지면 대학의 한국어 전공생도 더 증가할 것으로 기대된다.

한국학과의 수업은 학기당 30학점씩 3년간 총 180학점을 이수하도록 되어 있고, 1학년엔 문법, 회화, 쓰기 등의 언어 위주 과목과 그 외 언어학, 문학 이론, 교양 과목들을 듣고, 2학년부터는 근현대 문학, 3학년은 고전과 번역 등의 수업을 듣게 된다. 고전과 현대, 장르와 매체를 오가며 흐름과 원리를 찾는 방식으로 이루어지는데, 학생들이 많이 어려워하는 편이란다. 한국의 10개 대학교와 결연을 맺어 매년 20여 명의 교환 학생이 교류하는 프로그램도 운영하고 있으나, 학생들의 한국에 대한 관심에 비하면 그 규모가 작은 편이다.

교재는 한국의 모 대학 언어교육원 교재를 주로 사용하는데, 책값이 너무 비싸고 한국 내 외국인을 대상으로 한 교재라 파리의 한국어 전공생용으로는 적절치 않다. 프랑스에서 자체 개발한 교재들이 2-3개 더 있기는 하나 이 역시 마땅치 않아 어려움이 있다 한다. 한국어 수업을 전담하는 강사와 교수들은 학문적 배경이 다양해, 한국어교원 자격증 소지자부터 전혀 다른 분야의 전공자도 있다. 강사 간에 교수법에 대한 합의가 이루어지지 않아 이 역시 또 다른 어려움 중 하나란다.

석사 과정에서는 통역, 문학 번역, 문학 예술, 역사와 사회문화, 언어학, 국제무역 등을 깊이 있게 다루는데, 그동안은 없었던 한국학 석사 과정생이 현재 30명이며, 파리7대학까지 합하면 70명 정도가 한국학과 통번역을 공부하고 있다고 한다. 최근 한국문학번역원에서 전문 번역가 양성을 위한

시범 사업으로 해외에서의 커리큘럼 운영을 시도하고 있다. 2014년 로마와 파리에서 시작되었는데, 석사생 10명이 작품 하나를 번역하는 실습을 비롯해, 개인 번역, 작가와의 만남 등의 프로그램으로 구성돼 반응이 좋다고 한다.

파리 여행에서 돌아온 어느 날, 한강의 소설 『채식주의자』가 맨부커 상을 수상했다는 소식이 들려왔다. 마치 올림픽 금메달 수상 선수라도 다루듯 기사가 쏟아져 나왔고, 심지어 출간된 지 몇 해나 지난 그의 작품들이 수십 초에 한 권씩 팔려 나가는 웃지 못할 현상까지 벌어졌다. 작가의 아버지와 집안 형제들까지 남다른 집안 내력을 들먹이는가 하면, 척박한 한국 문학 토양에서 피어난 한 떨기 꽃이라는 둥, 찬란한 우리 문학의 역사적 승리라는 둥 극찬을 쏟아부으며 한동안 소란스러웠다. 한바탕 잔치로 끝나지 않으려면 우리 문학을 외국어로 번역할 전문 번역가들이 더욱 많아

져야 할 것이다. 전문 번역가들이 많아질 수 있는 환경과 시스템이 구축
되어야 함은 물론이다.

102개나 되는 전공 언어 중엔 학생 수가 교수 수보다 적은 학과들도 있고,
일단 정년 교수가 되면 강의 평가, 논문 실적, 교수 평가 등이 전혀 없다니
교수로서는 천국이 아니겠나 싶지만 마냥 그런 것도 아니다. 정년을 보장
받는 정교수가 되려면 부교수가 된 이후에도 몇 년간 연구에 전념해 박사
학위 청구 논문과 같이 새로운 연구 성과를 논문으로 제출해야 한다니 간
단한 일은 아닌 셈이다. 매년 몇 건씩 연구 실적을 만들어야 하다 보니 기
간을 오래 투입해야 하는 연구보다 단발적인 논문에 치중하게 되는 우리
시스템에 비해 장기적 안목에서 깊이 있는 학문을 하기엔 좀 더 나아 보
인다.

이날코 대학은 일종의 문화재 같은 대학이다. 몇 년 전, 마야어과 교수가 퇴임을 하면서 교수 자리가 하나 났는데 학생수가 300명이 넘는 한국어과와 학생수가 3명밖에 안 되는 마야어과 중 어디를 충원하느냐를 두고 결정을 해야 하는 상황이 있었단다. 우리의 현재 대학 풍토라면 시들한 학과는 적당히 묶어 다른 과에 통합하거나, 그도 아니면 아예 폐과해 버리는 것이 수순이었을 게다. 그러나 이 대학에서는 마야어과의 교수를 충원하고, 한국학과는 일단 강사를 충원하는 것으로 대신했다 한다. 사라져 가는 학과의 존속이 더 중요한 문제이므로 마야어과 교수 충원이 더 시급하다고 합의했기 때문이라는 것이다. 글쎄, 유럽도 이젠 예전의 유럽이 아닌지라 앞으로 어떻게 변화할지 모르겠으나, 대학이 자본과 영리로부터 독립된 것처럼 보이는 이런 장면이 어떻게 가능한 건지 궁금하고 부럽다.

바칼로레아 출제 관련 회의가 잡혀 있던 J 교수와는 아쉽지만 헤어지고, 혼자 남은 나는 이날코 대학 앞 카페에서 좀 더 앉았다 왔다. 음악도 듣고, 차도 마시고, 인터뷰 자료도 정리하고, 사람들도 구경하고… 102개나 되는 언어를 가르치는 대학, 그중 학생 수가 3-4위에 이른다는 한국어. 앞으로 우리가 해야 할 일이 무엇이 있을까.

08

귀스타브 플로베르 중학교의 한국어반

1

파리 출장을 준비하며 필요한 자료를 수집하고 있던 즈음 반가운 소식이 들려왔다. 한-불 수교 130주년을 기념해 프랑스의 중등교육 졸업인증시험이자 대입자격시험인 바칼로레아에 한국어가 필수선택과목으로 되었다는 것이다. 필수선택과목은 문·이과 공히 수험생들이 반드시 하나를 선택해 시험을 봐야 하는 과목이고, 자유선택과목은 시험을 봐도 되고 안 봐도 되어 학생이 선택을 하는 과목이다. 자유선택과목으로 시험을 보아 얻은 성적은 보너스로 바칼로레아에 얹어 준다.

바칼로레아는 그 체계가 대단히 복잡해서 현지의 교사나 교수들도 잘 모르는 경우가 있다고 한다. 바칼로레아는 인문, 경제, 경제-사회, 기술 등으로 나뉘고, 언어 시험은 제1·2·3외국어로 나뉘는데, 계수를 가지고 계산하는 점수 체계도 복잡하다. 그동안 한국어는 자유(임의) 선택 제3외국어에 포함되어 있었다. 자유 선택 제3외국어로서의 지위는 그대로 유지가 된다. 여기에 한국어가 필수선택과목에 포함되게 되면서, 이제 학생들은 바칼로레아 필수 과목 11개 중 하나로 한국어를 제1외국어 또는 제2외국어 또는 제3외국어로 선택할 수 있게 된 것이다. 제1외국어, 제2외국어, 제3외국어 필수 선택 언어는 이번에 포함된 한국어까지 합해 모두 24개라고 한다.

학교는 해당 언어에 대한 학생들의 수요가 어느 정도인가, 교사 수급과 재정적 여건은 가능한가 등 여러 상황을 고려해 영어, 독일어, 이탈리아어, 스페인어, 러시아어, 중국어, 일본어 등 다양한 언어 수업을 개설할 수 있다. 제3외국어는 고등학교 때만 배우도록 되어 있지만, 제2외국어는 중학교 2학년부터 배우게 된다. 고등학교까지 6년을 언어에 노출되게 되는 셈이다.

2

귀스타브 플로베르 중학교는 톨비악 역 근처에 있다. 파리한글학교가 현재 대관해 사용하고 있는 곳이기도 하다. 어제도 왔던 곳인데 오늘 다른 시간에 오니 또 새롭다. 한글학교 수업이 진행되는 수요일 오후는 초·중·고등학교 수업이 없는 때이므로 한적했는데, 오늘은 학교가 북적북적하다. 입구 수위실에 백인, 흑인, 라틴계 등 남자들 네 명이 시끌벅적 이야기를 나누고 있다. 바다 건너 멀리에서 너희 학교의 교사들을 만나고 한국어 수업을 참관하러 왔다고, 아무리 이야기를 해도 전혀 알아듣질 못한다. 불어도, 영어도, 손짓도, 발짓도, 전혀 소용이 없다. 아이고… 게다가 네 아저씨가 어쩌면 그리도 하나같이 열정이 가득한지, 너무 열심히들 도와주려 하니 더 집중이 안 된다. 여자 하나, 남자 넷, 얼굴색도 성별도 국적도 모두 다른 우리 다섯 명이 번잡스레 내뱉는 언어는 조각조각 공중으로 날아가 버린다. 이렇게 말이 안 통하기는 또 처음이다. 마음을 비우고 하릴없이 서 있을 무렵 다행히 I 교사가 나타났다.

플로베르 중학교 한국어반에는 16명의 학생들이 있다. 엄마 아빠의 국적이 동일한 경우는 캄보디아, 말레이시아, 이란 등 세 가정에 불과하다. 학생들의 가족 구성과 생태적 특성은 물론, 언어적·문화적 배경에 있어 다문화의 상징성이 큰 학급이다. 수업 참관을 위해 기다리던 중 복도에서 학생들을 미리 만나게 되었다. 이 아이들, 꼬레안 프로페서가 궁금해 못 참겠다는 표정이다. 힐끗힐끗 쳐다보다 까르르 웃다가 온몸을 배배 꼬고 곁눈질에 여념이 없다. 착하게 생긴 여학생 하나가 용기를 냈는지 사뿐사뿐 다가온다.

– 안녕하세요? 한국어?
– 네, 맞아요! 한국어 수업 보러 왔어요.
– 서울?
– 네, 서울에서 왔어요.
– 한국어 재미있어요! 여기 한국어 해요.

'여기 이 교실에서 한국어 수업이 곧 있을 터이니 어서 따라 들어오라'는 말로 들린다. 교실 문 앞에 모여서 연방 부러운 눈길을 쏘아 대고 있는 한 무리의 친구들 틈으로 다시 달려가 재잘재잘 모험담을 이야기하며 내게 어서 오라 손짓한다. 나중에 알고 보니 한국어반이 개설되고 수업을 시작한 지 이제 두어 달 남짓인 학생들이었다. 이제 막 만난 외국어와 한창 사랑에 빠져 있을 시기가 아니던가. 사랑과 감기는 감추기 어렵다더니 고만고만한 중학생들 뺨이 하나같이 발그레한 것이 한국어와 한창 사랑놀이 중인가 보다. 예쁘다.

I 교사가 이끄는 한국어 교실은 즐거운 에너지가 넘쳐흐른다. 학생도 교

사도 모두 행복하다. 외국어 교육의 역사에 등장했던 온갖 교수법이 총동원된 수업이다. 연구 분야의 특성상 전국 방방곡곡, 해외 여러 나라의 수많은 수업들을 참관해 왔지만 이렇게 통통 튀는 수업은 흔히 만나지지 않는 수업이다. 게다가 한창 새초롬할 사춘기 아이들 아닌가. 우리로 치면 북한의 김정은도 두려워한다는 중학교 2학년 아이들인데, 어떻게 이렇게 모든 아이들을 들썩이게 만들 수 있는 걸까. 즐거운 공연 한 편 본 것처럼 수업 참관을 마쳤다.

3

학교 앞 분위기 좋은 카페에서 인터뷰를 빙자한 수다를 해가 저물도록 나눴다. 한국어가 정식 교과목으로 프랑스의 고등학교에 개설된 것은 2011년이 처음이다. 플로베르 중학교 I 교사와의 인터뷰에 의하면, 당시 신청

자가 4명만 되어도 개설을 할 예정이었는데 한국어반 학생이 70명이나 되었다 한다.

K-pop으로 시작된 프랑스의 한류 현상은 한국의 음식, 게임, 화장품, 언어, 문화, 예술에 이르기까지 크게 확장되어 왔다. K-pop이 주로 젊은 여자들에게 인기가 있는 데 비해 10대 남학생들을 중심으로 게임에 대한 열풍이 불고 있으며, 대학생들 중에는 취업을 위해 한국어 학습을 원하는 젊은이들이 늘고 있다는 것이다. 예전에 한국학을 공부하는 사람은 극소수의 마니아층에 한했던 데 반해 최근엔 할아버지 학자부터 젊은 여자 학자에 이르기까지 확산되어 가는 추세란다.

이러한 현상은 대개 한국어에 대한 관심으로 이어져 학습자 증가에 영향을 미치기도 하지만, 잠시 유행처럼 번지다 사그라드는 일시적 현상에 그칠 수도 있다. 그런 점에서 중·고등학교의 한국어반 개설이나 바칼로레아 필수선택과목 지위 획득 등은 더욱 의미가 크다. 이는 잠시 스치는 유행이 아니라 한국어 교육과 한국학의 저변 확대에 기여하는 일이기 때문이다. 중·고등학교의 한국어 학습자는 대학의 전공생으로 편입될 가능성이 크고, 장차 한국어 교육과 한국학의 발전으로 이어질 수 있다. 해외 초중고등학교의 교육 과정에 한국어가 도입될 수 있도록 국가 차원의 체계적인 정책 확립과 외교적 움직임이 더욱 적극적으로 아루어져야 하는 이유다.

09

파리한글학교

1

2004년부터 햇수로 5년을 미국에 살았다. 자다가 깨어나도 그리운 시간이다. 밤을 새워 이야기해도 모자랄 만큼 수많은 추억이 있지만, 그중에서도 한글학교를 세우고 운영하며 수많은 이들과 함께 울고 웃던 기억은 손꼽히는 가장 소중한 추억 중 하나다. 우리가 살았던 곳은 미국 동부 버지니아 주의 대학촌이었다. 처음 만난 미국인이 으레 "너는 가르치니? 배우니?"라고 묻는 곳이었다. 그러니까, 이 동네 외국인 이주민이라면 대학에서 강의하는 교수이거나 학위 취득을 위해 건너온 유학생이거나 둘 중하나라는 것이다. 특히 한인 사회 구성원들을 살펴보면, 학부부터 석·박사 과정에 이르기까지 다양한 연령대의 유학생이거나, 연구년을 지내러나온 한국 대학의 교수이거나, 언론사, 정부, 기업체의 파견 연수생이 대부분이었다.

한인 커뮤니티가 그리 작은 편은 아니었지만 그곳에 뿌리를 내리고 정착해 살고 있는 한국인 가정이 드문 곳이라 한글학교가 지속적으로 운영되기 어려운 상황이었다. 유학 기간이라는 것이 길어 봐야 5년 안팎이니 초기엔 어리둥절 적응하다 가 버리고, 어느 정도 적응기를 지났을 때는 논문 쓰고, 심사받고, 학위 받고, 한국이든 미국이든 전방위로 구직 활동에 나서야 하는 상황에 던져지니, 이 집이나 저 집이나 한글학교 따위에 관심을 둘 형편들이 못 되었다. 기업이나 정부의 지원을 얻어 나온 박사 과정 유학생들은 그래도 좀 여유가 있는 편이고 학령기 자녀를 둔 경우가 많아 한글학교에 관심을 둘 법도 했지만, 이들은 대개 한시적으로 얻게된 이 유학 기간을 아이들의 영어 공부나 미국 문화 체험에 더 활용하고 싶어 했다.

사정이 이렇다 보니, 나 같은 사람도 힘을 모아야 하는 형편이 되어 버렸다. 다행히 뜻 맞는 이들이 모였고, 체계도 잡혀 갔다. 그 덕에 우리 딸들은 평일보다 토요일 아침에 더 일찍 일어나야 했다. 수업 준비, 교구 제작, 전화 통화 따위로 금요일은 늦은 밤까지 늘 어수선했고, 교사 회의며 온갖 행사로 집에는 늘 사람들이 북적이곤 했다. 방학마다 인근 도시 한국교육원이나 거점 한글학교로 달려가 미리 신청해 둔 한글학교 교재를 몇 박스씩 직접 실어 와야 했다. 그렇게 수령해 온 교재는 지인을 통해 한국에서 공수해 온 책들과 함께 집에 쌓아 두고 금이야 옥이야 보관을 했다. 나중엔 우리 집 서재가 마을 도서관처럼 되어 버렸다.

재학생이 일정 수가 되어야 학교 유지가 가능하니 매 학기 우리 아이 둘이 가장 먼저 등록하는 일이야 당연했다. 매 학기 공간을 대여하는 일도 보통일이 아니었다. 미국의 많은 한글학교는 주로 한인교회를 거점으로 운영되는데, 우리 동네엔 한인교회가 없었다. 대학 건물 한두 층에 강의실 여러 개를 빌려 수업을 하고, 동네 중학교나 초등학교의 강당을 빌려 공연이나 행사를 진행해야 했다. 공간 대여 문제야 절차대로 협조를 구하면 비교적 호의적이었기 때문에 큰 걱정은 없었지만, 문제는 안전사고였다.

일주일 내내 '파란 눈, 노란 머리' 사람들 틈에 지내다가, 나 닮은 친구들이 가득한 공간에 모이게 되면 아이들의 기쁨 에너지는 서너 배쯤 충전되는 것 같다. 우리 아이나 이웃집 아이나 하나같이 고도의 흥분 상태가 된다. 니모를 찾으러 가는 건지, 네모를 찾으러 가는 건지, 정신없기가 이루 말할 수 없는 도리 아줌마처럼 다들 변해 버린다. 아이들의 마음을 모르는 바가 아니니 조심하라고 당부하며 꽁무니를 붙잡고 뒤따라 다니는 수밖에 없었다. 혹시라도 사고가 날까 조마조마한 하루를 보내다 무사히 한 주 치 수업과 행사를 마치고 나면, 비로소 긴장이 풀려 멍해지곤 했던 기억이 난다.

2

파리한글학교를 방문하는 날은 그래서 더 설렘이 컸나 보다. 대륙도 다른 이곳 프랑스 파리의 한글학교는 내가 기억하는 미국 버지니아의 한글학교와 어떻게 다를까 궁금도 하고, 어떻게 같을까 기대도 되었다. 파리한글학교장이 호텔 앞까지 마중을 와 준 덕에 계획에 없던 파리 시내 드라이브까지 할 수 있었다. H 교장은 세 자녀를 모두 한글학교에 보내며 학부모로, 교사로 무려 25년이나 파리한글학교에 적을 두고 지냈으며, 그중 9년은 교장으로 봉직한 베테랑이었다. 그림 같은 차창 밖 가을 풍경을 눈에 넣으며, 열정 가득한 H 교장의 생생한 현장 이야기를 들으며 즐겁게 학교에 다다랐다. 학교 앞 베트남 식당에서 쌀국수와 만두를 함께 나눈 후, 교사 회의 시간에 맞추어 서둘러 올라갔다.

파리한글학교는 프랑스에 있는 열네 개 한글학교 중 하나이며, 파리 시내

에 소재한 두 개 학교 중 하나다. 학생수가 260명에 이르고 교사도 20명에 육박하며, 학급수도 17-18개에 이르는, 비교적 규모가 큰 학교다. 파리 13 구의 한 중학교를 대여해 운영하고 있는 상황임에도, 도서관 열람실의 책 장 몇 개에 한국어로 된 동화책과 그림책 들을 진열할 공간이 마련되어 있 었고, 수업 자료와 각종 교구를 종류별로 정리하고 관리할 수 있는 교구실 까지 확보된 훌륭한 환경이었다. 3세부터 5세 아이들로 이루어진 유치원 과정이 5개 반, 초등학생 5개 반, 중학교 4개 반, 어학당이라는 이름의 한국 어 초, 중, 고급 반이 3개 반으로 편성되어 있다. 프랑스 학제는 유치원-초 등학교-중학교-고등학교 의무교육 연한을 각각 3-5-4-3으로 삼고 있으 므로 한글학교의 교육 과정도 이에 맞추어 편성을 한 것이다.

미국의 한글학교 수업이 대개 주말에 이루어지는 것과 달리 이곳 파리한 글학교는 수요일 오후에 이루어지고 있다. 프랑스는 얼마 전까지만 해도 수요일을 제외한 월·화·목·금, 주당 4일만 등교를 했기 때문이다. 2014년부터 오전 수업을 전제로 수요일도 등교를 하도록 하고 있는데, 학생들의 생체 리듬과 과도한 학업 시간을 걱정하는 분위기라 한다. 학교 수업은 기본이고 초등학교 때부터 주말도 휴일도 없이 밤늦도록 학원을 전전하는 우리의 아이들이 떠올라 씁쓸했다.

교사 회의와 간담회가 끝난 뒤 모든 수업을 잠깐씩 둘러본 후 학교급 별로 한 개 반씩 수업을 참관했다. 고학년의 경우 수업의 수준이 전반적으로 높은 것이 인상적이었다. 한국 학생들에게도 생소할 법한 고전 시가 작품을 다루는가 하면, 논술식 쓰기 수업이나 토론 등이 이루어지고 있는 반도 있었다. 언어 교육의 관점에서 볼 때 한글학교 수업에서 고전 작품을 텍스트로 다루는 것은 어느 수준까지 가능할까. 재외 동포 학습자의 구어와 문어 능력 사이 불균형을 쓰기 교육 강화로 극복한다 할 때 작문 교육은 어느 수준까지 어떠한 방식으로 시행되어야 하는가. 고민이 내내 떠나질 않는다.

한글학교는 현지의 교육적 풍토를 기반으로 운영되는 까닭에 지역마다 차별화된 특색이 존재한다. 프랑스의 교육 철학과 전반적인 환경이 우리의 그것과 다른 것이 가장 큰 이유겠지만, 바칼로레아와도 무관치 않다. 프랑스의 대학수학능력시험이라 할 바칼로레아는 모든 과목이 서술형이나 논술형으로 치러진다. 일정한 주제에 대해 자신의 견해를 논리적으로 서술하는 형식으로, 과목당 20점 만점에 10점 이상이면 합격이다. 프랑스어 모어 화자인 학생들로서는 한국어가 도전하기 쉽지 않은 과목이지만, 부모가 한국인이거나 가정의 주요 언어가 한국어인 경우엔 관심이 높을 수밖에 없다. 그러니 한글학교의 수업도 심화된 텍스트 읽기와 작문에 중점을 두지 않을 수 없을 것이다.

한글학교 학습자들은 한국어 숙달도와 요구 수준이 매우 다양하고, 구어와 문어 능력 사이의 간극도 크다. 때문에 한국어 수업에서 포괄해야 할 영역과 범주도 지역에 따라 구성원의 성격에 따라 달라질 수밖에 없다. 또한 학습자의 연령대가 한글학교만큼 다양한 일도 흔치 않다. 파리한글학교처럼 규모가 커서 학습자의 정서적·인지적·언어적 측면을 고려한 연령별, 학년별, 수준별 반 편성이 가능한 경우는 행운이다. 학년이나 연령이 동일하다는 이유로 언어 수준도 동일하다고 단언할 수 없음에도 대개의 경우, 연령에 따라 적당히 나누어 수업을 진행해야 하는 경우가 현실이다.

3

2016년 통계에 따르면 현재 전 세계 118개국에서 1,855개 한글학교가 운영 중이다. 학생수만 10만 명에 육박하고, 교사수도 1만 5천 명에 이른다. 지역별로는 북미 지역에 1,029개로 절반이 넘는 한글학교가 집중되어 있으며, 아시아에 360여 개, 러시아·CIS 지역에 210여 개, 유럽에 110여 개, 중남미 지역에 90여 개, 아프리카와 중동 지역에도 50개에 가까이 분포되어 있다. 이 밖에도 한국학교가 15개국 32개, 한국교육원이 17개국 39개가 설립되어 있다.

그동안 해외 한국어 교육은 문화체육관광부, 교육부, 외교부 등 3개 부처에서 각각 추진해 왔다. 재외동포를 대상으로 한 한국어 교육은 교육부의 한국교육원이 시행해 왔고, 이와 별개로 한글학교는 재외동포 사회에서 자발적으로 설립돼 외교부의 지원으로 운영되어 왔다. 그 밖에도 외국인을 대상으로 한 한국어 교육은 문체부의 세종학당에서 담당하고 있다. 2007년 3개국 11개소에서 740명의 수강생으로 시작된 세종학당은 2015년 현재 54개국 138개소에서 6만 명의 학습자를 위한 한국어 교육을 시행하는 수준으로 발전했다.

한국어 교육의 역사가 깊어지면서 국내·외 한국어 교육은 끊임없이 기록을 갱신하며 확장되고 발전되어 가고 있다. 현장의 열기나 학계의 열정은 여전히 뜨겁다. 외국어로서의 한국어(KFL: Korean as a Foreign Language), 제2언어로서의 한국어(KSL: Korean as a Second Language), 계승어로서의 한국어(KHL: Korean as a Heritage Language)… 각각의 영역에서 학문적으로나 실제적으로나 더 큰 발전이 있기를 기대한다.

| 참고한 책 |

E. H. 곰브리치 지음, 백승길·이종숭 옮김, 『서양미술사』, 예경, 1997.

F. 스콧 피츠제럴드 지음, 한은경 옮김, 『피츠제럴드 단편선 2』, 민음사, 2009.

J. D. 매클라치 지음, 김현경 옮김, 『걸작의 공간』, 마음산책, 2011.

고형욱, 『파리는 깊다』, 사월의 책, 2010.

그램 질로크 지음, 노명우 옮김, 『발터 벤야민과 메트로폴리스』, 효형출판, 2005.

김면, 『파리, 에스파스』, 허밍버드, 2014.

김미라, 『예술가의 지도』, 서해문집, 2014.

김욱동, 『헤밍웨이를 위하여』, 이숲, 2012.

김태진, 『아트인문학 여행 파리』, 카시오페아, 2015.

노명우 외, 『발터 벤야민 모더니티와 도시』, 라움, 2010.

라이너 마리아 릴케 지음, 김재혁 옮김, 『젊은 시인에게 보내는 편지』, 고려대학교출판
　　　부, 2006.

라이너 마리아 릴케 지음, 문현미 옮김, 『말테의 수기』, 민음사, 2005.

라이너 마리아 릴케 지음, 장미영 옮김, 『보르프스베데·로댕론』, 책세상, 2000.

레이먼드 윌리엄스 지음, 이현석 옮김, 『시골과 도시』, 나남, 2003.

마크 트웨인 지음, 박미선 옮김, 『때묻지 않은 사람들의 세계로 떠난 여행: 마크 트웨인
　　　여행기 1,2』, 범우사, 2000.

메리 제인 오피 지음, 정유경 옮김, 『조각』, 디자인하우스, 1997.

바랑 무라티양 지음, 최하나 옮김, 『파리 vs 뉴욕』, 새움, 2012.

박용수, 『파리산책』, 유비, 2007.

박홍규, 『카페의 아나키스트, 사르트르』, 영남대학교출판부, 2008.

발터 벤야민 지음, 김영옥·황현산 옮김, 『보들레르의 작품에 나타난 제2제정기의 파리
　　　외』, 도서출판 길, 2010.

백석 지음, 고형진 엮음, 『정본 백석 시집』, 문학동네, 2007.

부르스 버나드 지음, 김택 옮김, 『고흐』, 디자인하우스, 1997.

빅토르 위고 지음, 정기수 옮김, 『레미제라블 1-5』, 민음사, 2012.

빅토르 위고 지음, 정기수 옮김, 『파리의 노트르담 1,2』, 민음사, 2005.

빈센트 반 고흐 지음, 신성림 옮김, 『반 고흐, 영혼의 편지』, 예담, 2005.

빌브라이슨 지음, 권상미 옮김, 『빌 브라이슨 발칙한 유럽산책』, 21세기북스, 2008.

사모나 바르탈레나 지음, 임동현 옮김, 『오르세 미술관』, 마로니에북스, 2007.

샤를 보들레르 지음, 김붕구 옮김, 『악의 꽃』, 민음사, 1994.

샤를 보들레르 지음, 황현산 옮김, 『파리의 우울』, 문학동네, 2015

스티븐 카슬, 마크 J. 밀러 지음, 한국이민학회 옮김, 『이주의 시대』, 일조각, 2013.

안느 델베 지음, 성옥연 옮김, 『어떤 여자 카미유 클로델』, 예하, 1989.

알랭 드 보통 지음, 정영목 옮김, 『여행의 기술』, 청미래, 2011.

알베르 소부울 지음, 최갑수 옮김, 『프랑스 대혁명사 (상),(하)』, 두레, 1984.

알베르 카뮈, 장 그르니에 지음, 김화영 옮김 『카뮈-그르니에 서한집』, 책세상, 2012.

어니스트 헤밍웨이 지음, 김욱동 옮김, 『태양은 다시 떠오른다』, 민음사, 2012.

어니스트 헤밍웨이 지음, 주순애 옮김, 『파리는 날마다 축제』, 이숲, 2011.

에밀 졸라 지음, 박명숙 옮김, 『여인들의 행복 백화점 1,2』, 시공사, 2012.

우르술라 티드 지음, 우수진 옮김, 『시몬 드 보부아르, 익숙한 타자』, 앨피, 2007.

웬디 베켓 지음, 곽동훈 옮김, 『명화 이야기』, 디자인하우스, 1997.

유길준 지음, 허경진 옮김, 『서유견문』, 서해문집, 2004.

유승호, 『작은 파리에서 일주일을』, 가쎄, 2012.

윤영애, 『파리의 시인 보들레르』, 문학과지성사, 1998.

이상경 편집, 『나혜석 전집』, 태학사, 2000.

이상경, 『인간으로 살고 싶다: 영원한 신여성 나혜석』, 한길사, 2000.

이승원, 『세계로 떠난 조선의 지식인들』, 휴머니스트, 2009.

이주은, 『지금 이 순간을 기억해』, 이봄, 2013.

이택광, 『인상파, 파리를 그리다』, 아트북스, 2011.

장 그르니에 지음, 김화영 옮김, 『섬』, 민음사, 1995.

장 그르니에 지음, 함유선 옮김, 『섬』, 청하, 1988.

장폴 사르트르 지음, 윤정임 옮김, 『시대의 초상: 사르트르가 만난 전환기의 사람들』, 생각의나무, 2009.

장폴 사르트르 지음, 이계성 옮김, 『구토』, 남강, 1987.

제러미 리프킨 지음, 이원기 옮김, 『유러피안 드림』, 민음사, 2005.

제레미 머서 지음, 조동섭 옮김, 『시간이 멈춰선 파리의 고서점』, 시공사, 2008.

제인 페이크 지음, 김희정 옮김, 『파리에서 살아보기』, 부키, 2015.

조홍식, 『파리의 열두 풍경』, 책과 함께, 2016.

주드 웰턴 지음, 김택 옮김, 『모네』, 디자인하우스, 1997.

주드 웰턴 지음, 박주혜 옮김, 『인상주의』, 디자인 하우스, 1997.

최병서, 『파리 느리게 걷기』, 에크리, 2011.

콜린 위긴스 지음, 박주혜 옮김, 『후기인상주의』, 디자인하우스, 1997.

클로딘 몽테유 지음, 서정미 옮김, 『보부아르 보부아르』, 실천문학사, 2005.

페트리샤 라이트 지음, 정유경 옮김, 『마네』, 디자인 하우스, 1997.

프랑시스 잠 지음, 곽광수 옮김, 『새벽의 삼종에서 저녁의 삼종까지』, 민음사, 1995.

플로리안 일리스 지음, 한경희 옮김, 『1913년 세기의 여름』, 문학동네, 2013.

플로리안 하이네 지음, 정연진 옮김, 『화가의 눈』, 예경, 2012.

피오나 던컨·레오니 글래스 지음, 『파리 걷기 여행』, 터치아트, 2015.

피터 윗필드 지음, 김지현 옮김, 『세상의 도시』, 황소자리, 2010.

허헌 외 지음, 성현경 엮음, 『경성 에리뜨의 만국유람기』, 현실문화, 2015.

Château de Versailles, *Versailles*, Artlys, 2012.

Earnest Hemingway, *A Moveable Feast*, Scribner Book Company, 2010.

Orsay Museum, *Orsay*, Artlys, 2012.

헤밍웨이를 따라 파리를 걷다

1판 1쇄 발행일 2017년 3월 19일
1판 2쇄 발행일 2017년 7월 1일
글·사진 | 김윤주
펴낸이 | 임왕준
편집인 | 김문영
펴낸곳 | 이숲
등록 | 2008년 3월 28일 제301-2008-086호
주소 | 서울시 중구 장충단로 8가길 2-1(장충동 1가 38-70)
전화 | 2235-5580
팩스 | 6442-5581
홈페이지 | esoope.com
페이스북 | facebook.com/EsoopPublishing
Email | esoope@naver.com
ISBN | 979-11-86921-38-8 03920
ⓒ 이숲, 2017, printed in Korea.